# Kulinarisches aus der Natur

IMPRESSUM

HEEL Verlag GmbH
Gut Pottscheidt
53639 Königswinter
Tel.: (0 22 23) 92 30-0
Fax: (0 22 23) 92 30-13
E-Mail: service@heel-verlag.de
Internet: www.heel-verlag.de



Autor (verantwortlich für den Inhalt):
Benedikt Schmitt, Treis-Karden

Fotografien Titel + Innenteil:
Hermann Schausten, Briedern

Lektorat:
Petra Hundacker

Satz und Gestaltung:
Christine Greguletz, Artcom, Königswinter

Lithografie:
Petra Hammermann, Collibri, Königswinter

Druck und Verarbeitung:
Ellwanger, Bayreuth



Printed and bound in Germany

ISBN 3-89880-078-4

Dieses Buch wurde nach bestem Wissen und Gewissen verfasst. Weder der Verlag noch die Autoren tragen die Verantwortung für ungewollte Reaktionen oder Beeinträchtigungen, die aus der Zubereitung bestimmter Pflanzen, Kräuter, Pilze u. ä. entstehen.

**Benedikt Schmitt**, Jahrgang 1954, ist gebürtiger Moselaner. Er wohnt in Treis-Karden, ist verheiratet und Vater von zwei Kindern. Nach dem Abitur studierte der passionierte Jäger und Angler in Trier Germanistik und Geographie. Als Realschullehrer unterrichtete er kurze Zeit in Koblenz, ehe der 48-Jährige als Redakteur einer großen Sportfischer-Zeitung eine neue berufliche Laufbahn begann. Mittlerweile ist Benedikt Schmitt seit 18 Jahren Redakteur einer Regionalzeitung und Autor in verschiedenen Fachzeitschriften. Als Kenner der heimischen Tier- und Pflanzenwelt verfasste er diverse Beiträge. Der Treis-Kardener engagiert sich in der Ausbildung von Jungjägern, organisiert Kochkurse und betreut Jugendliche bei Waldexkursionen.

**Hermann Schausten**, Jahrgang 1950, absolvierte eine Lehre als Maler und Lackierer. Der Moselaner bekam in den 80er Jahren eine chronische Erkrankung, die ihn zum Frührentner machte. Seit Kindesbeinen interessiert sich der gebürtige Ellenz-Poltersdorfer für die Natur. Seit 1970 arbeitet Hermann Schausten ehrenamtlich im Naturschutz. Seit 1979 ist er im Landespflegebeirat des Landkreises Cochem-Zell, 1982 wurde er Beauftragter für Landespflege.
Der 52-Jährige nimmt an verschiedenen Artenschutzprojekten teil. Seine Hobbys sind das Fotografieren und der Schutz vor allem von Fledermäusen, Reptilien, Pflanzen und Vögeln.

# Kulinarisches aus der Natur

SUCHEN · SAMMELN · ZUBEREITEN

Heel

# Inhalt

## herbst



## winter

# Vorwort

Sich in der freien Natur zu bewegen, frische Luft zu atmen, den Vogelstimmen des Waldes zu lauschen oder nur das Murmeln eines Baches zu hören: Das ist ein Gefühl der Freiheit, der Lebensqualität und eine Möglichkeit, dem Alltagsstress zu entfliehen. Schon früh verband sich bei uns damit die gemeinsame Passion, Pflanzen zu fotografieren, Wildkräuter zu sammeln und zuzubereiten, wilde Tiere zu beobachten, zu angeln und zu jagen. Als geübte Petrijünger zwischen Pestwurz, Erlen und Weiden zu streifen, um ein paar „Rotgetupfte" aus dem eigenen Bach „auf die Schuppen zu legen" und gleich an Ort und Stelle zu braten, gilt in unserer hektischen Zeit auch heute noch als echtes Abenteuer – Naturgenuss pur. Als passionierte Jäger bedeutet das Waidwerk, mit Augenmaß und Verantwortung betrieben, für uns vor allem auch Natur- und Artenschutz. Selbstverständlich kennen wir als Naturfreunde nicht nur die Besonderheiten von Forelle, Reh und Wildsau, sondern auch die Schönheit der ersten Frühlingsblumen, den Geschmack der reifen Beeren und das Aroma mancher Kräuter und Blätter als Beilage zu einem knackigen Frühlingssalat oder pikanten Wildgerichten.

Und so entwickelte sich daraus die Idee, ein Buch zu schreiben, worin die bekanntesten Pflanzen, Beeren, Pilze und Früchte aufgeführt werden, die sich sowohl für den Naturliebhaber in der heimischen Küche als auch beim Zelten im Freien nutzen lassen. Sei es als pikantes Beerenkompott, als probate Arznei gegen Bauchschmerzen, würzige Zugabe zu Salaten oder als hochprozentiger Aperitif: In der freien Natur schlummern – ganz ohne Kosten und weit entfernt von der Massenproduktion, die unsere heimischen Supermärkte anbieten – ungeahnte Leckereien, herzhafte Bissen und vitaminreiche Beilagen, die man nur zu pflücken und nutzen braucht.

Unser Buch möchte dem Naturfreund, der mit offenen Sinnen durch Berg und Tal streift, eine kleine Hilfe sein, Pflanzen am Wegesrand richtig zu bestimmen und vielleicht die eine oder andere Köstlichkeit ohne großen Aufwand fürs Abendessen zu nutzen.

Wir wünschen Ihnen viel Spaß beim Sammeln und Zubereiten.

*Benedikt Schmitt und Hermann Schausten*

# Einleitende Worte

Dass Menschen zur täglichen Ernährung Früchte und Beeren sammeln, ist ebenso alt wie die Menschheit. Neben der Sammeltätigkeit lebten die Urmenschen natürlich auch von der Jagd. Seit der Altsteinzeit gehört in Mitteleuropa die Nutzung der natürlichen Ressourcen zu einem wichtigen Teil des täglichen Lebens.
Rund 100 essbare Pflanzen und Bestandteile nutzten unsere Vorfahren. So stießen Archäologen bei ihren Forschungen beispielsweise auf große Mengen von Wildfrucht-Kernen (Hagebutten), die vor 10.000 Jahren an Feuerstellen zubereitet und verspeist wurden.
Unsere genetische Ausstattung hat sich seit dieser Zeit nicht wesentlich verändert, sodass der Ernährung aus der Natur immer noch große Bedeutung zukommt.
Der Nährwert von Wildfrüchten ist unübertroffen, denn einen regelrechten „Vitamin-Kick“ bietet die Kombination von Vitalstoffen in wilden Pflanzen und Früchten.

Zwar ist die Ernährung heutzutage für Mensch und (Haus)tier um manches einfacher geworden als zu früheren Zeiten, dennoch macht es vielen Naturfreunden Spaß, leckere und bekömmliche Pflanzen, Kräuter, Beeren, Pilze und Früchte zu suchen und zu pflücken, um sie in mannigfaltiger Weise zu nutzen. Auf Grund ihrer wertvollen Inhaltsstoffe erlauben die heimischen Wildpflanzen gleichsam eine Zeitreise zu vielleicht schon vergessenen Essgewohnheiten und bieten ganz neue Geschmackserlebnisse.

Aber nicht nur der Sammlertrieb kommt bei dem ein oder anderen Zeitgenossen auch heute noch durch, es ist gesund und spannend, sich in Gottes freier Natur zu bewegen und die Schönheiten und Kostbarkeiten der Natur zu entdecken. Ein Ausflug in den Wald oder auf Felder und Wiesen bereitet nicht nur Alt und Jung sehr viel Spaß, der Sammler schont auch seinen Geldbeutel, wenn er sich aus dem reichhaltigen Sortiment des „Supermarkt Natur“ bedient – natürlich immer mit einem wachsamen Auge auf Umwelt- und Artenschutz.

Glücklich der, der durch einen kundigen Führer an das Sammeln von Kräutern, das Erkennen von Pflanzen und das Bestimmen von essbaren Köstlichkeiten herangeführt wird. Schnell entwickelt sich hier ein geübtes Auge für den richtigen Standort von Pflanzen, geeignete Lebensräume für delikate Pilze und leckere Kräuter, die eine Mahlzeit bekömmlicher und abwechslungsreicher machen.

Wer lieber alleine, ohne Anleitung, die kulinarischen Highlights der Natur entdecken will, dem soll dieses Buch helfen, sich in Wald und Feld zurechtzufinden. Bei der Auswahl der Kräuter, Pflanzen, Beeren und Pilze wurde Wert darauf gelegt, dass nur solche Köstlichkeiten aufgenommen wurden, die noch häufig in unseren Breiten wachsen und meist sogar am Wegesrand stehen.

Es versteht sich von selbst, dass geschützte Blumen und Pflanzen nur für den Eigenverbrauch entnommen werden und im Zweifelsfall stehen bleiben sollten. Nur wenn ein Kraut, eine Beere, ein Pilz zweifelsfrei bestimmt sind, kann man diese Köstlichkeit in beschriebener Weise für die Küche oder die Gesundheit verwenden. Selbstverständlich sind dem Experimentieren mit Gewürzen und Beilagen aus Wiese und Wald keine Grenzen gesetzt, die angegebenen Rezepte und Rezepturen, allesamt bewährte Beispiele aus der Praxis, sollen nur als Anregung dienen. Lassen Sie Ihrer Kreativität feien Lauf und zaubern Sie neue, köstliche Kreationen aus den Zutaten, die unsere Umwelt für Sie bereithält.
Wir freuen uns über Ihre Rezepte und Verbesserungsvorschläge für diesen Band.
Schreiben Sie uns unter: service@heel-verlag.de.

**Kurze Hinweise zum weiteren Verlauf des Buches und in eigener Sache:**

- Wenn es im Text nicht anders erwähnt ist, beziehen sich die Mengenangaben bei der Zubereitung der Rezepte auf zwei Personen.

- Die Autoren übernehmen bei Überempfindlichkeit gegenüber bestimmten Inhaltsstoffen und für den übermäßigen Verzehr bestimmter Pflanzen oder gesundheitsgefährdender Substanzen keine Haftung. Alle Angaben wurden nach bestem Wissen verfasst, die Verantwortung liegt aber allein beim Leser. Besonders bei Pilzen sollten Sie bei Unsicherheiten lieber auf das Sammeln verzichten und auf bekannte Pilze und Züchtungen aus dem Fachhandel zurückgreifen!

## BESTIMMEN UND SAMMELN

Wer Pflanzen und Kräuter sammeln möchte, sollte sich mit ihrem Lebensraum, ihrem Vorkommen und ihrem Aussehen umfassend vertraut machen. Neben diesem Band und anderen Büchern und Zeitschriften zum Thema bieten Kurse bei Volkshochschulen und Verbänden wichtige Hilfestellungen. Das Gelernte sollte aber in jedem Fall durch Exkursionen in der Natur ergänzt werden.

Zum Sammeln haben sich in der Praxis ein scharfes Taschenmesser, ein Pinsel zum Reinigen der Objekte, eine Schere, ein trockenes Tuch, eine alte Kaffeemühle sowie ein

Korb und eine kleine Schippe bewährt. Mit einem kleinen Angelkörbchen aus Weidengeflecht auf dem Rücken lassen sich auch schwierige Geländepassagen bewältigen, denn so haben Sie beide Hände frei und das Sammelgut lagert trocken und luftig.

**Zum Sammeln benötigen Sie:**

- ein scharfes Taschenmesser
- einen kleinen Pinsel zur Reinigung
- eine Schere
- ein trockenes Tuch
- einen Korb
- eine kleine Schaufel zum Ausgraben

Neben einer zweckorientierten Kleidung – denken Sie daran, dass nicht alle Pflanzen direkt am Wegesrand stehen, sondern auch im Unterholz gesucht werden müssen – möchten wir Ihnen noch drei goldene Regeln ans Herz legen, die das Sammeln von Wildpflanzen für Sie und die Umwelt zu einem unbeschwerten Erlebnis werden lassen:

- Sammeln Sie nur die Pflanzen, die Sie genau bestimmen können, gehen Sie kein Risiko ein!

- Achten Sie auf Ihre Umwelt! Zertreten Sie bei der Suche nicht unachtsam andere Pflanzen. Pflücken Sie nur so viel, wie Sie auch verwenden möchten. Denken Sie an den Bestand vor allem gefährdeter Arten und daran, dass sich die Pflanze auch wieder erholen kann.

- Verlesen und waschen Sie die Pflanzen vor der Weiterverarbeitung in der Küche sorgfältig. Achten Sie schon beim Sammeln darauf, dass Sie keine Pflanzen pflücken, die verschmutzt oder einer hohen Schadstoffbelastung ausgesetzt sind (was vor allem an großen Straßen oft der Fall ist).

Bei der Suche nach Salatzutaten, pikanten Wurzeln für das Gemüse oder einer Handvoll Pilze zur Verfeinerung der Soße muss man Geduld haben und nicht gleich den Mut verlieren, wenn ein Kräutchen nicht aufzutreiben ist. Denken Sie immer daran: Ausdauer und ein Gespür für den Standort von „Essbarem“ entwickeln sich erst langsam und erfordern viel Übung.
Dem Anfänger raten wir, zunächst die Zutaten zu suchen, die er kennt und relativ schnell findet. Ein knackiger Salat aus Löwenzahn, Gänseblümchen und Vogelmiere tut’s für den Anfang durchaus!

## NOCH EIN PAAR TIPPS FÜR DIE ZUBEREITUNG

Oft gelingen auch die Appetithäppchen in der Küche nicht auf Anhieb. Das Vermengen von Kräutern mit Haferflocken, Mehl oder einigen Kartoffeln hat sich bewährt, ebenso die Verwendung von frischen Eiern zum Binden der Masse.
Wenn die Fundmenge einer bestimmten Zutat nicht für eine Mahlzeit reicht, kann man die Kräuter, Blumen, Beeren oder Früchte auch trocknen, zerreiben und zerstoßen, um sie später einer Suppe beizugeben oder das Ganze als Tee aufzubrühen.

## INHALTSSTOFFE

Pflanzen, Beeren, Pilze und Früchte enthalten eine Menge Inhaltsstoffe, die unterschiedliche Wirkungen bei Mensch und Tier auslösen. Die Medizin nutzt diese Bestandteile seit langem, um zu heilen, zu lindern oder bestimmte Körperfunktionen zu fördern. Häufig tritt der Einfluss eines Inhaltstoffes erst in der Kombination mit anderen Bestandteilen besonders deutlich hervor, manchmal überlagern sich diese Substanzen aber auch ohne irgendeine Auswirkung. Im Allgemeinen kann man einigen Stoffen bestimmte Wirkungen zuordnen, deshalb sollen die wichtigsten Substanzen, die in Wildpflanzen vorkommen, alphabetisch geordnet, kurz beschrieben werden. Im weiteren Verlauf des Buches werden Sie des Öfteren auf diese stoßen, dann möchten wir Sie bitten, einfach an diese Stele des Buches zurückzuschlagen, um ausführlichere Informationen zu erhalten.

**Acetylcholin:**
Wirkt blutgefäßerweiternd, blutdrucksenkend und kontrahierend auf Bronchien und den Magen-Darm-Trakt. Das Acetylcholin ist ein so genannter Transmitter, der Nervenimpulse weiterleitet. Acetylcholin ist der „Gegenspieler“ des Adrenalin.

**Alginsäure:**
Wenig wasserlösliches Kohlenhydrat aus Braunalgen, das stärkeähnlich ist. Die Salze bilden zusammen mit Wasser hochviskose Lösungen, die in der Lebensmittelindustrie und Pharmazie verwendet werden. Alginsäure ist in Alkalien löslich.

**Alkaloide:**
Diese organischen Basen sind in Nachtschatten-, Hahnenfußgewächsen und dem Kaffeebaum enthalten. Da sie zu den stärksten Giften gehören, ist Vorsicht geboten. Nur bei sachgerechter Anwendung lassen sich Alkaloide in der Heilkunde anwenden. Sie haben eine teils betäubende, teils krampflösende Wirkung. Wichtige Alkaloide sind: Akonitin, Atropin, Brucin, Chinin, Kokain, Codein, Koffein, Colchicin, Ergotamin, Morphin, Nikotin und auch Strychnin. Die Alkaloide wurden schon im Altertum als Genuss-, Rausch- und Heilmittel eingesetzt.

**Ätherische Öle:**
Hierbei handelt es sich um stark riechende, flüchtige Öle, die besonders in Blüten vorkommen. Auch in Samen, Wurzeln und Blättern finden sich ätherische Öle, die meist durch Destillation für die menschliche Nutzung zur Verfügung stehen. Die Öle werden in der Riechstoffindustrie, Parfümbranche und in der Kosmetik genutzt. Ätherische Öle hinterlassen übrigens keine Ölflecken auf Gewebe. Die Substanz wird u. a. aus Baldrian, Fenchel, Kamille und Anis gewonnen. Bekanntestes Beispiel ist das Rosenöl, aber auch Carvon und Limonen gehören dazu.

**Benzoesäure:**
Sie ist die einfachste aromatische Carbonsäure (organische Säure). Wegen ihrer antimikrobiellen Wirkung werden Benzoesäure und ihre Salze (Natriumbenzoat) in der Lebensmittelkonservierung eingesetzt.
Chlorierte Benzoesäure-Derivate werden als Herbizide verwendet.

**Biogene Amine:**
Wichtigste Vertreter dieser Inhaltsstoffe sind Spermin, Äthanolamin und Vertreter der Gewebshormone wie Adrenalin, Histamin und Serotonin. Es handelt sich hier um eine

Gruppe von Verbindungen, die Botenstoff der Nervenzellen oder Antiallergene sind. Sie sind das Zwischen- oder Endprodukt des Stoffwechsels, biogene Amine sind verbreitet in Walnüssen, Sauerkraut und Käse enthalten.

**Bitterstoffe:**
Pflanzliche Stoffwechselprodukte chemisch verschiedenartiger Substanzen, die besonders in Korbblütlern, Enziangewächsen und Lippenblütlern vorkommen. Sie regen die Magensaftsekretion und die Gallenfunktion an. Dadurch wirken sie appetitanregend und verdauungsfördernd. Bitterstoffe werden in Magenbitterlikören, Aperitifs und appetitanregenden Mitteln eingesetzt.

**Cumarin:**
Das Anhydrid der Cumarsäure kommt in der Pflanzenwelt sehr verbreitet vor. Cumarin ist bei uns zum Beispiel in Waldmeister vorhanden. Bestimmte Derivate des Cumarins werden als blutgerinnungshemmende Arzneien eingesetzt. Cumarin ist als Rauschmittel bekannt und ist auch in Steinklee zu finden.

**Cyanidine:**
Salz der Blausäure, das farblos ist und nach bitteren Mandeln riecht. Die sehr giftige Flüssigkeit kommt in geringen Mengen in Steinfrüchten vor und kann, übermäßig genossen, zu Vergiftungen führen.

**Flavonoide:**
Bei den Flavonoiden oder Flavonen handelt es sich um aromatische Verbindungen, die als Grundsubstanzen in vielen gelben Blütenfarbstoffen vorkommen. Die unterschiedlichen chemischen und physikalischen Eigenschaften bewirken, dass man keine einheitliche Wirkungsweise beschreiben kann. Die Flavonoide werden in der Medizin in der Behandlung bestimmter Kreislauf- und Herzstörungen eingesetzt. Blau-violette (Veilchen) sowie schwarze und rote Blütenfarbstoffe in Blüten sind übrigens charakteristisch für das Vorhandensein von Anthocyanen.

**Gerbstoffe:**
Die Gerbstoffe (Walnüsse etc.) sind Pflanzenbestandteile, die in der Lage sind, Eiweißstoffe der Haut und Schleimhaut zu binden. Ihr Geschmack ist bitter und bewirkt zum Beispiel an den Händen die berüchtigte gelb-schwarze Verfärbung, wenn die grünen Schalen der Walnuss entfernt werden. Im Tee werden die Gerbstoffe durch das Aufbrühen nach und nach herausgezogen, nachdem das Teein und die anderen Aromastoffe relativ schnell aufgeschlossen sind.

**Glykoside:**
Bei Glykosiden handelt es sich um eine recht umfangreiche Gruppe von Naturstoffen und synthetischen Verbindungen, die aus einem Zuckeranteil und einem Aglykon

(Nichtzuckeranteil) bestehen. Während es bei den Zuckeranteilen meist Einfachzucker und Mehrfachzucker sind, versteht man unter den Nichtzuckeranteilen Alkohole, Phenole beziehungsweise Amine. Je nach Zuckerkomponente heißen diese Glykoside Galaktoside und Glucoside. Auch Flavonoide und Bitterstoffe können Glykoside sein, die allesamt eine schleimlösende und schweißtreibende Wirkung haben.

**Inulin:**
Ein stärkeähnlicher Vielfachzucker, der in Dahlien und Artischocken vorkommt.
Aus ihm wird Fruchtzucker hergestellt.

**Kieselsäure:**
Hier handelt es sich um die Sauerstoffsäuren des Siliziums, die in freier Natur nur in Form von Salzen (Silikaten) existieren. Kieselsäure ist wichtig für den Körper, denn sie ist Bestandteil des menschlichen Bindegewebes, der Haare, der Haut und der Nägel.

**Menthol:**
Menthol wirkt entzündungshemmend, antiseptisch und kühlend. Als Hauptbestandteil des Pfefferminzöls wird Menthol Kaugummi, Zahnpasta und Mundwasser zugefügt. Man gewinnt es aus den verschiedenen Minzearten oder synthetisch. Die farblosen Kristalle, die als Spirituslösung in die Haut eingerieben Kältegefühl, dann Brennen, Gefäßerweiterung und leichte Schmerzlosigkeit verursachen, werden seit langem in der Heilkunde eingesetzt.

**Organische Säuren:**
Essig-, Ameisen- und Buttersäure sind wichtige organische Säuren, die, in Wasser oder anderen polaren Lösungsmitteln gelöst, in positive Wasserstoff-Ionen (Protone) und negativ geladene Säurerest-Ionen zerfallen.

**Oxalsäure:**
Hier handelt es sich um die einfachste organische Säure (Dicarbonsäure), die in Form ihrer Salze (Oxalate) sehr häufig vorkommt. Saures Kaliumsalz gibt es im Säuerling (Kleesalz), als Kalziumsalz in vielen Pflanzen und sogar im Harn. Bei überhöhtem Konsum von Milchprodukten kann es beispielsweise zur Bildung von Nierensteinen aus Kalziumoxalat kommen. Die farblosen Kristalle der Oxalsäure sind giftig und kommen in Rhabarber, Sauerklee und Sauerampfer vor. Man verwendet Oxalsäure in der Textilfärberei als Beize und als Putzmittel.

**Pektine:**
Pektine sind Vielfachzucker, die in Zellwänden höherer Pflanzen vorkommen und hauptsächlich aus Galakturonsäure bestehen. Pektine werden als Gelierungsmittel und Emulgatoren eingesetzt. Sie sind verantwortlich für die Beschaffenheit von Gemüse und Früchten und bewirken mit Zucker verkocht das Gelieren der Obstsäfte.

**Saponine:**
Dieser Inhaltsstoff, ein Pflanzenglykosid, ist dafür verantwortlich, dass sich in Verbindung mit Wasser ein haltbarer Schaum ergibt. Außerdem nutzt man seine Fähigkeit, Öl in Wasser löslich zu machen. In der Medizin werden Saponine dafür eingesetzt, hämolytische (sie lassen den Blutfarbstoff aus den roten Blutkörperchen austreten) und antibiotische Wirkungen zu erzielen. Für Fische sind diese Pflanzenglykoside übrigens tödlich.

**Spurenelemente:**
Eine Reihe von chemischen Elementen, die für die Ernährung von Mensch und Tier eine große Bedeutung haben. Eisen, Kupfer, Kobalt, Mangan, Zink, Selen, Jod und Fluor sind Elemente, die für den Stoffwechsel lebensnotwendig sind. Bei den Pflanzen heißen wichtige Spurenelemente Kupfer, Mangan, Zink, Bor, Chlor und das eher unbekannte Molybdän. Alle sind für Bäume, Sträucher und Blumen wichtig. Als Bestandteile von Enzymen, Vitaminen und Hormonen verursacht ihr Fehlen bei Menschen, Tieren und Pflanzen Mangelerscheinungen.

**Triterpene:**
Triterpene sind Naturstoffe, die durch Destillation oder Extraktion aus Blättern, Blüten und Pflanzenbestandteilen isoliert werden. Wegen ihres angenehmen Geruchs werden Triterpene als Riech- und Duftstoffe in der Kosmetik benutzt. Die bekanntesten Terpene sind Menthol und Kampfer.

**Vitamine:**
Vitamine gehören zu den wichtigsten Bausteinen des Lebens, denn sie sind für die meisten Organismen lebensnotwendig. Vitamine müssen mit der Nahrung zugeführt werden,

da sie der menschliche Körper nicht selbst bildet, wobei sich die einzelnen Tagesmengen nach dem Geschlecht, dem Alter und der körperlichen Verfassung des einzelnen Menschen richten. Grob unterschieden werden die Vitamine in fettlösliche (A, D, E und K) und in wasserlösliche (B-Gruppe, C und H). Daneben gibt es noch essenzielle Nahrungsbestandteile wie das wasserlösliche Vitamin P (Rutin) und Vitamin F (ungesättigte Fettsäuren).
Im Folgenden sollen nur die Vitamine aufgeführt werden, die in Pflanzen, ihren Bestandteilen und in Früchten vorkommen:

**Vitamin B1:**
Kommt in Hefe, Ei und Leber, vor allem aber in Getreidekeimen vor. Vitamin B1 ist wichtig für die Funktion des Nervensystems und baut Zucker im Körper ab.

**Vitamin B2:**
Bestandteil von grünen Pflanzen, aber auch in Leber, Molke, Niere und Eigelb zu finden. Bei Mangel treten Wachstumsstillstand, Schädigungen der Gewebsatmung und Entzündungen der Haut, der Schleimhäute sowie Magen-Darm-Erkrankungen auf.

**Vitamin C:**
Ist vor allem in Früchten und Hagebutten enthalten. Kartoffeln, Milch, Käse und grüne Pflanzen besitzen viel Vitamin C. Ein Mangel dieses wichtigen Elements führt zu Skorbut, Infektanfälligkeit und zu Blutungsneigungen im Zahnfleisch.

**Vitamin E:**
Dieses Vitamin findet sich in Erbsen, Weizenkeimöl, Brunnenkresse, verschiedenen Samenkörnern und in Nüssen. Vitamin E ist wichtig für den Schutz der Zellmembranen im Körper.

**Vitamin H:**
Seltenes Vitamin, das in Molke, Maische, Hirn, Leber und Eigelb vorkommt. Sein Mangel kann zu Ekzemen, Hautentzündungen und Blutveränderungen führen.

**Vitamin K:**
Dieser Inhaltsstoff findet sich in vielen grünen Pflanzen, in Spinat, Kohl, Brennnesseln, Hagebutten, Tomaten aber auch in der Leber. Für die Blutgerinnung ist Vitamin K unentbehrlich.

**Zucker/Kohlehydrate:**
Bei dem meist süßen Kohlehydrat aus der Reihe der Einfach- oder Mehrfachzucker handelt es sich um ein wasserlösliches Element. Im Körper ist die Verbrennung des Zuckers zur Energiegewinnung unentbehrlich. Ein Mangel an Zucker führt zur Ermüdung, zu Schockzuständen bis hin zur Ohnmacht.

# Bärlauch

## Allium ursinum

*Familie: Liliengewächse*

***Schweinefilet mit Bärlauch, Schinken und Käse***

***Zutaten:***
*1 Bund Bärlauch*
*500 g Schweinefilet*
*100 g Schinken*
*100 g milder Gouda oder Edamer*
*1 große Zwiebel*
*Trockener Rießling*
*Butter*
*Salz, Pfeffer*

Im Volksmund wird der Bär(en)lauch auch „Waldknoblauch" genannt, was schon einiges zu seinem Geschmack und zu seiner Verwendung in der Küche sagt.
Die Pflanze gehört zu den Zwiebelpflanzen und wächst meist mit zwei grundständigen Blättern in elliptisch-lanzettlicher Form. Die reichblütige Scheindolde ist schneeweiß.

**Erntezeit:**
Ab April ist Bärlauch besonders schmackhaft, weil die Säfte ganz frisch im Pflanzenkörper gestiegen sind.

**Standorte:**
Der Bärlauch bevorzugt feuchte Wälder, vor allem Bachauen und Laubwälder. Dabei werden meist kalkreiche Standorte gewählt, auf

denen Massenbestände zu finden sind, die einen intensiven Knoblauchgeruch verströmen. In Deutschland ist der Bärlauch recht verbreitet.

## Blütezeit:

Bärlauch blüht von April bis Juni je nach Höhenlage. Fünf bis 20 weiße doldige Blüten auf etwa 20 Zentimeter langen Stielen sind charakteristisch.

## Verwendung:

Bärlauch schmeckt besonders gut in Salaten, Suppen und Fleisch- bzw. Fischgerichten. In der gehobenen Küche haben sich die jungen Blätter des Bärlauch und die Zwiebeln als Knoblauchersatz bewährt. Fein gehackt ist das Liliengewächs, das stets frisch verwendet werden sollte, als Streuwürzer fürs Butterbrot oder aber mit Paniermehl gemischt zu Hammelbraten geeignet. Doch Vorsicht! Zu viel Bärlauch, vor allem von der rohen Pflanze, kann zu Durchfall führen.

## Pflückhinweis:

Die Blätter ähneln dem giftigen Maiglöckchen und der Herbstzeitlose. Mit einer einfachen Riechprobe, bei der etwas Blattwerk zwischen den Fingern zerrieben wird, lässt sich der Knoblauchgeruch als Identifikation sicher feststellen. Die Blätter und Blüten werden dicht über dem Erdboden abgeschnitten.

***Zubereitung:***

*Bärlauch fein schneiden. Den Schinken in Streifen schneiden und mit Gouda oder Edamer vermengen. Eine große Zwiebel fein hacken und in Butter andünsten. Geben Sie den Schinken hinzu und dünsten Sie ihn, bis er glasig ist. Löschen Sie die Mischung mit einem Schuss Wein. Nach dem Einkochen nehmen Sie den Topf vom Herd und geben Bärlauch und Käsewürfel hinzu. Mit Salz und Pfeffer abschmecken.*

*Im 80 °C vorgeheizten Backofen ein Blech in die Mitte schieben. Das Schweinefilet in der Mitte längs einschneiden, sodass ein rechteckiges Fleischstück entsteht. Innen und außen würzen und die Füllung auf der Innenseite verteilen. Das Filet aufrollen und mit einer Küchenschnur zusammenbinden. Mit Fett auf allen vier Seiten etwa eine Minute scharf anbraten und anschließend sofort auf das Backblech geben. Das Ganze etwa 80 Minuten im Backofen gar ziehen. Zum Schluss schneiden Sie das Fleischstück in dünne Scheiben und servieren es mit Salat oder Gemüse. Dazu schmeckt ein trockener Riesling von der Mosel.*

# Birke

## Betula pendula

*Familie: Birkengewächse*

Birken sind durch ihren markanten weißen Stamm schon von weitem gut von anderen Baumarten zu unterscheiden. Als typischer Baum der Taiga hat der Laubbaum mittlerweile viele Garten- und Parkanlagen in Mitteleuropa erobert.

**Erntezeit:**
Birkenblätter sind im Mai am saftigsten, können aber auch schon ab März geerntet werden.

***Birkentee***

***Zutaten:***
*25 g getrocknete Birkenblätter*
*1 l Wasser*

## Standorte:

Die Hängebirke, so heißt die häufigste der in Europa und Asien vorkommenden Birkenarten, ist sehr anpassungsfähig und als Pionierpflanze bis in 1.600 Meter Höhe vor allem in Nordeuropa vertreten. Man findet die durch ihren weißen Stamm charakterisierte Baumart bevorzugt an feuchten Orten wie Mooren, Auen, feuchten Wäldern, Kiesgruben, Wegrändern und Ödland. Als Garten- und Alleenbaum sehr beliebt, setzt sie Farbakzente in jeder Jahreszeit und gilt mit Wuchshöhen bis 30 Meter als „Königin" unter den Parkbäumen. Im Frühling, ab März, blühen die Birken und sorgen bei Allergikern für Probleme. Männliche und weibliche Blüten kommen in Form von Kätzchen am Baum vor, sie hängen nach unten und werden Nüsschen genannt.

## Verwendung:

Als Tee werden die Blätter von März bis September gepflückt. Das Getränk hilft gut gegen Stoffwechselerkrankungen und ist in Rheuma- und Nierentees enthalten. Auch für Bäder eignen sich die Birkenbestandteile (ätherische Öle) bestens. Der zuckerhaltige Birkensaft wird im zeitigen Frühjahr abgezapft und beispielsweise für Haarwasser verarbeitet. In den Birkenblättern sind vor allem ätherische Öle enthalten, in der Rinde Gerbstoffe, Vitamin C, Zucker, Harze, Saponine und Flavonoide.

## Pflückhinweis:

Die Blätter werden am einfachsten mit einer Schere geerntet. Der Saft ist im Frühling am gehaltvollsten.

**Tipp:**
Um eine Birke möglichst schonend anzuzapfen, empfiehlt es sich, mit einem Taschenmesser oder spitzen Gegenstand ein 1,5 bis zwei Zentimeter tiefes Loch in die junge Rinde zu bohren. In diese Öffnung steckt man dann schräg einen Strohhalm oder ein Schilfrohr, die die Flüssigkeit in ein Gefäß leiten. Nach 24 Stunden kann – je nach Größe des Birke – ein halber bis zu zwei Liter Saft gewonnen werden. Daraus lässt sich durch leichtes Kochen und ständiges Umrühren ein köstlicher Sirup herstellen!

***Zubereitung:***
*Die Blätter werden auf ein Liter siedendes Wasser gegeben und sollten danach abkühlen. Danach filtrieren Sie das Ganze und trinken den Birkentee schluckweise. Drei Tassen am Tag eingenommen, sorgen für Harndrang und reinigen das Blut!*

# Blauer Lattich

## Lactuca perennis

*Familie: Köpfchenblütler*

***Frischer „Layeschload“***

***Zutaten:***

*300 g Blauer Lattich*
*1 Zwiebel*
*4 Esslöffel Olivenöl*
*4 Esslöffel Weinessig*
*1 Löffel Majonäse*
*Salz, Pfeffer, Zucker*

Im Volksmund wird der Blaue Lattich je nach Region „Layeschload“ oder auch „Layeschlot“ genannt. „Laie“ steht dabei für Schiefer und „Schload“ für Salat.
Der Lattich ist eine mehrjährige, bis 60 Zentimeter hoch werdende Pflanze. Die Blätter ähneln denen des Löwenzahns, sind jedoch immer blaugrün mit rötlichem Anflug (Löwenzahn ist stets dunkelgrün gefärbt).

**Erntezeit:**
Bereits Ende Februar kann man an sonnigen Steilflächen den Blauen Lattich finden.

### Standorte:

Trockenrasen, felsige Hänge, Mauern, Böschungen und vor allem in Weinbergen. Der Blaue Lattich ist eine wärmeliebende Pflanze, die besonders in Weinbauregionen mit Steillagen gedeiht. Er ist kalkliebend und steht gerne an sonnigen Stellen bis in Höhenlagen von 1.700 Meter. Der Blaue Lattich kommt in Deutschland nur im Süden und Südwesten vor.

### Blütezeit:

Der Blaue Lattich blüht blau bis lilafarben, wobei die Blütezeit je nach Höhenlage zwischen Mai und Juli liegt.

### Verwendung:

Ab Februar zeigen sich an den wärmsten Plätzen die ersten Blätter. Diese eignen sich besonders gut für Salate und werden deshalb bis zum Treiben der Blüten (Ende April) in der Küche verwendet. In Feinschmeckerlokalen gilt der „Layeschload“ als Delikatesse, denn der vitaminreiche Salat mit seinem frisch-herben Geschmack rundet als Beilage bestens Fleischgerichte und Fisch-Variationen ab. Da der Blaue Lattich meist in Regionen wächst, die steil und rutschig sind und außerdem sehr selten geworden ist, kann der clevere Genießer die Pflanze auch im Garten säen. Der Standort sollte trocken, warm und kalkreich sein. Bei sorgfältiger Pflege gedeiht „Lactuca perennis“ prächtig.

### Pflückhinweis:

Da er selten ist, gibt es hier etwas Besonderes zu beachten: Man sollte selbstverständlich nur so viel „Layeschlot“ ernten, wie man für seine eigene Küche braucht. Das Abschneiden mit einem kleinen Küchenmesser, eventuell mit einer Schere, hat sich bewährt.

***Zubereitung:***

*Die Salatblätter vorsichtig waschen. Danach die zarten Blättchen in einer Salatschleuder trocknen und mundgerecht zuschneiden. Würfeln Sie eine Zwiebel und vermengen Sie sie mit dem Öl. Schmecken Sie die Soße mit Salz, Zucker und Pfeffer ab und geben Sie vier Esslöffel Weinessig und ein Löffel Majonäse hinzu. Mit einem kleinen Becher Joghurt abgeschmeckt, kann auch noch eine kleine Kartoffel unter den Salat gedrückt werden. Diese Marinade eignet sich übrigens auch gut für Winterendivien- und Löwenzahn-Salate.*

# Gänseblümchen

## **Bellis perennis**

*Familie: Korbblütler*

Das in ganz Europa vorkommende Gänseblümchen ist wohl jedem Kind bekannt.

**Erntezeit:**
Schon im März/April sind die ersten Gänseblümchen zu finden. Blätter und Blüten sind dann besonders aromatisch.

**Standorte:**
Gänseblümchen leben gesellig auf Fettweiden, Wiesen, Parkanlagen und Ebenen bis 2.000 Meter Höhe. Sie stehen häufig wie ein Teppich im Grünen.

***Küchentipps:***
*In Salaten mit Sauerampfer oder Löwenzahn gemischt, liefern Gänseblümchen schon im zeitigen Frühjahr einen vitaminreichen Gaumenschmaus. Wenn man die Wurzeln der kleinen Blume ernten will, muss man sich allerdings auf eine zeitraubende Säuberung derselben einstellen.*

### Blütezeit:
Die fünf bis maximal 15 Zentimeter hohe Blume blüht eigentlich das ganze Jahr über, vom Frühjahr bis in den Winter. Die Blüte ist um die in der Mitte liegenden gelben Röhrenblüten weiß bis rosa.

### Verwendung:
Die Wurzeln, Blätter und Blüten liefern ganzjährig essbare Bestandteile für Salate, Gemüse und sogar Saucen. Allen ist gemein, dass sie leicht nussig schmecken.
Die in Gänseblümchen vorhandenen ätherischen Öle, der Blütenfarbstoff Anthoxanthin, das Saponin, die Flavonoide und die Bitterstoffe wirken blutreinigend, hustenlösend, wasserausscheidend und entzündungshemmend. Ein Brei aus zerstampften Blüten und Blättern auf Wunden aufgelegt, wirkt durchaus heilungsfördernd. Zwei Tassen Gänseblümchentee täglich helfen bestens gegen fest sitzenden Husten. Dazu werden zwei Teelöffel der getrockneten Pflanze auf ein Viertel Liter siedendes Wasser gegeben. Nach zehn Minuten ist der heiße Tee trinkbereit.

### Pflückhinweis:
Gänseblümchen finden sich fast überall, achten Sie daher besonders auf die Reinheit der Umgebung (Hundekot!), damit Sie nicht verschmutzte Pflanzen sammeln! Gänseblümchen pflücken Sie am besten bei schönem Sonnenschein, da sich die Blüten abends und bei Regen schließen und ihre Köpfe zur Erde neigen.

*Eingelegt oder gekocht, eignen sich diese Wurzeln als Gemüsebeilage beispielsweise zum Reis, wobei sie dem Ganzen einen süß-sauren Geschmack geben.*
*Mit den Blütenknospen lassen sich zusammen mit einem halben Teelöffel Salz, einem Viertel Liter Wein und einem Viertel Liter Essig herrlich aromatische „Kapern“ herstellen. Dazu wird alles zusammen fünf Minuten aufgekocht; anschließend abkühlen lassen.*

*Gundermann-Spinat*

**Zutaten:**
300 g Gundermann
etwas Öl
1 Stich Butter
Salz, Pfeffer



# Gundermann

## Glechoma hederacea

*Familie: Lippenblütler*

Der Gundermann kommt in ganz Nordeuropa vor, wobei die kleine Pflanze oft mit der Taubnessel verwechselt wird.

## Erntezeit:
Schon ab März ist an geeigneten Standorten die kleine Staudenpflanze präsent.

## Standorte:
Der Stickstoffanzeiger gedeiht bestens auf Wiesen, Äckern, an Wald- und Wegrändern bis in Höhenlagen von 1.400 Meter. Die mehrjährige Pflanze wird nur zehn bis 15 Zentimeter hoch und breitet sich kriechend von März bis Juni aus. Markant sind die hellblau bis violetten Blüten, die sich teppichartig über das erste Grün im Jahr legen.

## Verwendung:
Der Gundermann ist als Gesamtpflanze essbar, wobei die jungen Blätter roh, scharf und minzig schmecken. Bereits im 12. Jahrhundert wurde die Heilpflanze gegen Durchfälle, Magenbeschwerden, Asthma und als Tinktur bei Haut- und Wunderkrankungen eingesetzt. Die Pflanze wird gerne als Salat, aber auch als Spinat-Ersatz für die Küche gesammelt, wobei sie zusammen mit Brunnenkresse, Gänseblümchen, Brennnesseln, Löwenzahn und ersten Birkenblättern einen delikaten Frühlingssalat liefert. An die Zeit des Dreißigjährigen Krieges erinnert die volkstümliche Bezeichnung für den Gundermann: „Soldatenpetersilie“ nennt man ihn auch, nicht zuletzt wegen seiner Würze. Feinschmecker schneiden Gundermann in kleine Streifen und streuen ihn anschließend auf ein Butterbrot oder über frischen Quark.
Die ätherischen Öle, Bitter- und Gerbstoffe sowie der hohe Kalium- und Vitamin-C-Gehalt geben dem Gundermann auch in der Heilkunde eine große Bedeutung: Als Tee wirkt er gegen Entzündungen der Luftwege, ist magenwirksam, blutreinigend und schleimlösend.

## Pflückhinweis:
Der kleine Gundermann wird meist nur in geringen Mengen geerntet, wobei er sich leicht mit bloßen Händen pflücken lässt. Die ihm ähnlich sehende Taubnessel ist ihm in der Regel an Größe um das Mehrfache überlegen.

***Zubereitung:***
*Der Lippenblütler wird nach dem Sammeln gewaschen und grob geschnitten. Kochen Sie anschließend die jungen Blättchen zehn bis 15 Minuten und schmecken Sie sie mit Salz und Pfeffer ab. Ein Stich Butter verfeinert den Gundermann-Spinat, wobei besonders seine Würze mit dem eigentümlich minzigen, scharfen Geschmack eine delikate Variante für die Küche bietet.*

# Hopfen

## Humulus lupulus

*Familie: Maulbeergewächse*

### *Küchentipps*

*Als Gemüse kann man die Stängelspitzen in rund fünf Zentimeter lange Stückchen schneiden und in Salzwasser etwa zehn Minuten kochen. Zusammen mit Pilzen dann leicht in der Pfanne angebraten, geben die Hopfenstücke nach dem Würzen ein tolles Pfannengemüse ab.*

Der Hopfen dürfte wohl jedem Biertrinker als wichtige Zutat zum erfrischenden Gerstensaft bekannt sein. Neben seiner Würze liefert er zusammen mit dem Eiweiß der Gerste die beliebte Schaumkrone auf dem frisch gezapften Bier.

**Erntezeit:**
Die jungen Triebe können von April bis Mai geerntet werden, während die Blüten erst im September reif sind.

**Standorte:**
Von Natur aus gedeiht die Hopfenpflanze in Auenwäldern und an feuchten Waldrändern. Als ausdauernde Schlingpflanze windet sie sich stets rechtsdrehend zwei bis sechs Meter an Bäumen, Sträuchern und Zäunen empor. Hopfen gedeiht bis in Höhenlagen

von 1.500 Metern, wobei die männlichen und weiblichen Blüten an verschiedenen Pflanzen wachsen. Die weiblichen werden als Dauerkulturen (Hopfenfelder) für Brauereien angebaut. Dazu werden die Fruchtstände (Zapfen) geerntet. Die männliche ist eher grünlich, während die weibliche Blüte der von Weidenkätzchen ähnelt.

## Verwendung:

Die jungen Sprossen und Wurzeln des Hopfens können in der Küche eingesetzt werden, wobei die jungen Triebe bis Mai geerntet werden, die Zapfen allerdings erst im August bis September. Im Geschmack eher bitter, eignet sich Hopfen unter anderem für Salat, wobei auch Teefreunde die appetitanregende und magensaftbildende Wirkung des Hopfens schätzen.

## Pflückhinweis:

Die jungen Triebe lassen sich gut mit einer Schere oder mit einem scharfen Messer schneiden. Die Hopfen werden mit der Hand gepflückt, wobei es sich empfiehlt, die ganze Ranke runterzuziehen, da Hopfen mehrere Meter hoch werden kann!

**Tipp:**
Doch bitte denken Sie daran: Hopfen ist ein Hanfgewächs und besitzt geraucht eine ähnliche Wirkung wie Cannabis. Die Verwendung der Pflanze oder ihrer Teile kann bei manchen Menschen außerdem zu Allergien führen.

*Als Schlafmittel, wegen seiner entkrampfenden und harntreibenden Wirkung sowie seiner antibakteriellen Eigenschaften geschätzt, wird Hopfen auch in der Heilkunde eingesetzt. Dazu nimmt man zwei Teelöffel der weiblichen Kätzchen, die mit einem Viertel Liter Wasser überbrüht werden. Nachdem alles etwa 15 Minuten gezogen hat, können Sie morgens und abends je eine Tasse des Hopfentees trinken.*

# Huflattich

## Tussilago farfara

*Familie: Korbblütler*

Der in ganz Eurasien vorkommende Huflattich heißt im Volksmund auch Teeblume, Brandlattich, „Eselschnut“ oder „Männerblume“.

**Erntezeit:**
Bereits im März können – je nach Standort – die gelben Blüten des Huflattichs gepflückt werden.

**Standorte:**
Huflattich wächst gerne an Bahndämmen, auf Äckern und Schuttplätzen, an Kiesgruben und Anschüttungen in Höhenlagen bis 2.400 Meter. Sein bevorzugter Lebensraum sind feuchte Stellen, wobei ihm Lehmboden besonders zusagt.

### *Huflattich-Sirup*

***Zutaten:***
*200 g Huflattichblüten*
*200 g Zucker*

### Blütezeit:

Der Huflattich blüht zwischen März und April goldgelb, wobei sich die Blüten nur bei Sonnenschein öffnen. Die Staude wird sieben bis 30 Zentimeter hoch, die Blätter sind herzförmig und fühlen sich auf der Unterseite „fettig" an. Der Huflattich ist oft eine der ersten Blumen, die sogar unter Schnee hervorschauen, wenn die Märzsonne ihre ersten warmen Strahlen schickt. Er ist als Blütepflanze mit keiner anderen Art zu verwechseln, da im zeitigen Frühling keine anderen gelb-blühenden Kräuter vorkommen.
Die mehrjährige Pflanze weist eine bemerkenswerte Besonderheit auf: Zuerst treibt die Blüte mit schuppigem Stängel aus der Erde und erst später gesellen sich die filzigen Blättchen hinzu. An idealen Standorten können die Blätter Tellergröße erreichen, die dann oft mit der Pestwurz verwechselt werden: Diese wächst am gleichen Standort, ihre Blätter erreichen jedoch einen Durchmesser von bis zu einem Meter!

### Verwendung:

Der Huflattich ist als alte Heilpflanze bekannt, denn schon die Römer nutzten sie als Tee oder als Wundheilmittel. Besonders bei Husten hilft Huflattich schnell und zuverlässig.
Dazu brüht man die getrockneten Blüten als Tee auf, der drei Mal am Tag getrunken, rasch schleimlösend wirkt.
Die jungen Blättchen können als Salat oder in der Suppe als Beilage verwendet werden, aus den Blüten lässt sich leicht Sirup produzieren. Der Geschmack ist leicht harzig, jedoch sehr angenehm.

### Pflückhinweis:

Die Blätter sammelt man am günstigsten im Mai oder Juni, wobei die in der Sonne stehenden Pflanzen erfahrungsgemäß mehr Inhaltsstoffe aufweisen. In den Blätter findet man Pyrrolizidin-Alkaloide, die Leberschäden verursachen sowie Krebs erzeugen können. Deshalb sollte die Pflanze nur in Maßen genutzt werden. Huflattich nimmt übrigens Blei auf, daher sollte der Korbblütler nicht in Straßennähe gepflückt werden.

***Zubereitung:***

*Schichten Sie in einem entsprechend großen Gefäß abwechselnd Blüten und Zucker. Es empfiehlt sich, die Blüten mit dem Zucker leicht festzustampfen und das Ganze in einem sorgsam verschlossenen Glas acht Wochen (!) im Kühlschrank oder im dunklen Keller aufzubewahren. Danach streichen Sie die gegorene Masse durch ein Sieb und kochen sie kurz auf. Nach dem Abkühlen ist der Sirup als Brotaufstrich zu verwenden.*

# Kleiner Wiesenknopf

## Sanguisorbar minor

*Familie: Rosengewächse*

Der Kleine Wiesenknopf wird auch „Pimpinelle“ genannt und ist eine eher unscheinbare Pflanze, die sich besonders für Tees und zum Würzen eignet.

**Erntezeit:**
Während der ganzen Vegetationsperiode lässt sich der Kleine Wiesenknopf nutzen.

**Standorte:**
Der Kleine Wiesenknopf ist ein Trockenzeiger, der in fast ganz Europa vorkommt. Regional verbreitet, findet man das Rosen-

gewächs meist zerstreut auf Magerrasen, an Böschungen und auf Dämmen bis in 1.200 Meter Höhe. Der Wiesenknopf blüht auffallend rot mit kugelartigen Blütenköpfchen von Mai bis in den Juli. Die mehrjährige Pflanze wird bis zu 60 Zentimeter hoch. Die Blätter sind grün und haben bis zu 30 Einzelblättchen, das heißt, sie sind gefiedert (Blätter eiförmig und gezahnt). Männliche und weibliche Blüten befinden sich an einer Pflanze, die oberen Blüten sind jedoch immer weiblich. Die Blütenköpfchen sind langgestielt und auffällig.

## Verwendung:

In Salaten, Suppen, auf Butterbroten oder mit Käse gegessen, erinnert der Geschmack des Kleinen Wiesenknopfs an Gurken. Als Würzmischung für frischen Frühlings-Kartoffelsalat eignet sich der Wiesenknopf zusammen mit frischem Bärlauch bestens. Dazu werden die jungen Wiesenknopfblätter zusammen mit dem frischen Bärlauch fein geschnitten und leicht überbrüht. Gibt man die Mischung dann unter die geschnittenen Kartoffelscheiben, schmeckt der mit etwas Öl, Salz und Pfeffer gewürzte Kartoffelsalat nochmal so gut.
Ätherische Öle, Gerbstoffe, Vitamin C, Flavon und Saponine sorgen dafür, dass der Kleine Wiesenknopf harntreibend, hustenlösend und magenwirksam ist. Leicht lässt sich aus Blättern und Stängeln ein wirksamer Tee kochen, der hervorragend gegen schmerzhafte Blähungen wirkt.

## Pflückhinweis:

Gesammelt wird die untere Blattrosette der Pflanze, die meist dicht gewachsen ist. Um frische Blätter nachhaltig zu ernten, sollte man sie mit der Schere stutzen und nach 14 Tagen die frischen Triebe erneut nutzen.

# Löwenzahn

**Taraxacum officinale**

*Familie: Köpfchenblüher*

### *Panierte Löwenzahnwurzel*

*Zutaten:*
*10 zigarrenlange Löwenzahnwurzeln*
*2 Esslöffel Mehl*
*1 Ei*
*1 Tasse Semmelbrösel*
*Fett zum Braten*

Der Löwenzahn hat im Volksmund viele Namen, die wegen seines hohen Bekanntheitsgrades und der vielfältigen Verwendung ganz unterschiedlich ausfallen. Pusteblume, Milchblume, Kuhblume, Frühlingsgold, „Eierschäpp" oder „Säublume" sind nur einige davon.

**Erntezeit:**
Besonders im März/April schmeckt Löwenzahn, da noch jung und saftig, am besten.

**Standorte:**
Die bis zu 50 Zentimeter hohe mehrjährige Pflanze mit der auffallenden gelben Blattrosette kommt in unseren Breiten in Massen vor und wächst in Höhenlagen bis 2.600 Meter. Ganze Teppiche des Löwenzahns sind bekannt, die Pflanze kann aber auch einzeln stehen.

Die Kuhblume ist stets ein echter Stickstoffanzeiger, was bedeutet, dass der Stickstoffgehalt an ihrem Standort besonders hoch ist.

### Blütezeit:

Von April bis Oktober leuchten die gelben Blüten im frischen Grün auf Wiesen und in Weingärten. Die länglich verkehrt-lanzettlich, gezahnten Blätter bilden eine Rosette. Die Stängel sind hohl und können Milchsaft führen, der als schwarze Flecken auf der Haut noch stundenlang haften bleibt.

### Verwendung:

Alle Teile der Pflanze können in der Küche verwendet werden, wobei vor allem die Blätter im zeitigen Frühjahr als Salat nutzbar sind. Die Blütenköpfe werden vor dem Aufblühen abgezupft und ähnlich wie Rosenkohl angerichtet. Auch als Beigabe zu Salaten und Suppen eignet sich Löwenzahn bestens. Dazu werden die zarten, leicht bitter schmeckenden Blättchen klein gehackt und auf klare Suppen oder Eintöpfe gestreut. Als Tee wird das Grün oder die Wurzel des Löwenzahns ebenfalls gerne genutzt. Seine Wirkstoffe regen den Stoffwechsel an. Er wird auch als Sud bzw. Tinktur gegen War-zen und Hühneraugen verwendet. Doch Vorsicht: Zu viel davon kann zu Hautreizungen führen!

### Pflückhinweis:

Stets sollte beim Sammeln darauf geachtet werden, keine gedüngten Wiesen oder Weinberge aufzusuchen. Außerdem schließen sich viel befahrene Straßenränder und Anlagen, wo Hunde Gassi gehen, selbstverständlich aus.

*Zubereitung:*
*Säubern Sie die Wurzeln des Löwenzahns sorgfältig und schneiden Sie sie in etwa drei Zentimeter große Stücke. Anschließend kochen sie die Wurzeln in Salzwasser bis sie weich sind. Danach tupft man die Stückchen mit Küchenpapier trocken und wälzt sie in Mehl, verquirltem Ei und den Semmelbröseln. Danach nur noch in heißem Fett in der Pfanne braten. Fertig ist eine schmackhafte Beilage zu Fleischgerichten (z. B. Braten) oder auch Wildgerichten.*
*Löwenzahn eignet sich auch als Bestandteil einer feinen Gemüseplatte mit anderen panierten Gemüsesorten, etwa Brokkoliröschen, Sellerie, Blumenkohl etc.*

# Mausohr

**Valerianella locusta**

*Familie: Baldriangewächse*

Im Volksmund auch Feldsalat, „Rapunzel" oder „Schafsmaul" genannt, findet Mausohr viele Fans in der leichten Küche.

**Erntezeit:**
Bereits vor der Blüte (weiß bis bläulich in kleinen Blüten) in den Monaten April bis Mai kann der Salat geerntet werden. Meist schon ab Ende Februar kommt im Weinbauklima die erste schmackhafte Blattrosette hervor, die der Kenner möglichst früh sucht. Geerntet wird, bis sich der erste Blütenstängel zeigt, ab dann werden die Blätter bitter und nicht mehr genießbar.

***Mausohr mit Orange***

***Zutaten:***
*500 g Mausohr*
*150 g Joghurt*
*2 Esslöffel Essig*
*2-3 Esslöffel Öl*
*1 in Scheiben geschnittene Orange*
*etwas Zucker*

## Standorte:

Äcker, Weingärten, Wiesen, Wegränder, Mauern und Ödland sind bevorzugte Standorte für den Wilden Mausohr. Er ist in ganz Europa verbreitet und meist häufig anzutreffen, allerdings wird das Baldriangewächs im Norden seltener. Wild wachsend gibt es mehrere Arten, die aber alle essbar sind. Die kleine Pflanze wird bis zu 20 Zentimeter hoch.

## Verwendung:

Genutzt werden die grünen mausohr-ähnlichen Blätter, die der Salatpflanze ihren Namen geben. Feinschmecker schätzen vor allem die „Nüsschen". Das ist der Blattansatz über der Wurzel, der besonders gut schmeckt und als Salat nicht so schnell matschig wird. Heutzutage wird der Feldsalat in großem Stil kultiviert, sodass er in jedem Laden erhältlich ist.

## Pflückhinweis:

Mit einer scharfen Schere oder einem Küchenmesser lassen sich die zarten Blätter des Mausohrs leicht ernten. Die Blattrosetten sind problemlos auszuschneiden.

***Zubereitung:***
*Verrühren Sie Joghurt, Essig, Öl und Zucker zu einer Marinade. Schälen Sie dann die Orange säuberlich, ziehen Sie die weiße Haut ab und schneiden Sie die Scheiben in kleine Spalten. Wer möchte, kann die Salatschüssel noch mit einer Knoblauchzehe ausreiben, ehe das Ganze mit dem Mausohr vermischt wird.*

***Tipp:*** *Kleine Nussstückchen über den Salat gestreut, lassen den Feldsalat noch „nussiger" munden.*

# Schlüssel-blume

## Primula officinalis

*Familie: Primelgewächse*

Die Schlüsselblume wird wohl jedem bekannt sein. Ist der „Himmelsschlüssel" doch zusammen mit den ersten Veilchen ein untrügliches Zeichen dafür, dass es Frühling wird.

### Erntezeit:

Ab März/April leuchten manche Wiesen gelb. Das Primelgewächs zeigt seine Blüten in voller Pracht.

### Standorte:

Schlüsselblumen lieben Kalkmagerrasen, Raine und Waldränder, wobei die Pflanze auch gerne in krautreichen Eichenwäldern wächst. Wegen des starken Rückgangs ist die Schlüsselblume geschützt und sollte nicht in Sträußen gepflückt werden. Durch die landwirtschaftliche Nutzungsänderung (meist werden nur spezielle Agrarpflanzen angebaut) und auf Grund verstärkter Düngung ist die „Himmelsblume" in manchen Regionen ausgestorben, obwohl sie bis in Höhen von 2.000 Meter vorkommen kann.

### Blütezeit:

Die 10–30 Zentimeter hohe Staude blüht von Februar bis Mai und hat grundständige Blätter, die verkehrt eiförmig, ungeteilt wachsen. Die dottergelbe Blüte weist im Schlund fünf rotgelbe, lange Flecken auf.

### Verwendung:

Die gesamte Pflanze ohne Wurzel ist essbar, wobei die Blüten vom zeitigen Frühjahr bis in den Frühsommer gesammelt werden können. Die Inhaltsstoffe Saponine, Flavonoide, Glykoside, ätherische Öle, Gerbstoffe, Mineralsalze und Kieselsäure können allerdings Allergien hervorrufen. Sollten Sie zur Anfälligkeit neigen, verzichten Sie besser auf den Verzehr.

### *Hustenlöser*

***Zutaten:***

*2 Teelöffel der getrockneten Wurzel*
*1/2 Liter Wasser*
*2 Teelöffel Zucker*

***Zubereitung:***

*Die getrockneten Wurzelteile werden im Wasser ausgekocht. Geben Sie nach gut fünf Minuten den Zucker hinzu und trinken Sie den Hustensaft so heiß wie möglich. Zwei bis drei Tassen des Getränkes am Tag lösen bestens den fest sitzenden Schleim.*

# Spitz-wegerich

## Plantago lanceolata

*Familie: Wegerichgewächse*

Im Volksmund wird der Spitzwegerich auch „Spießkraut“ und „Rossrippe“ genannt.

**Erntezeit:**
Die frischen, saftigen Blätter des Spitzwegerichs sollte man am besten ab März/April ernten.

**Standorte:**
Die Pflanze kommt in ganz Europa vor und wächst bevorzugt an Wegrainen, auf Wiesen und Weiden sowie an Feldrändern und auf Schuttplätzen. Die Wegerichgewächse gedeihen von der

### *Wegerich-Sirup*

***Zutaten:***
*2 Tassen Spitzwegerichblätter*
*Zucker und Wasser*

Küstenlandschaft bis in Höhenlagen von 2.400 Meter als Pionierpflanzen.
Man unterscheidet bei uns den Spitz- und Breitwegerich sowie den Mittleren Wegerich. Beim Erstgenannten sind es die schmalen langen, spitz zulaufenden Blätter, die den Namen gaben. Die Staude wächst von Mai bis September und wird zehn bis 50 Zentimeter hoch. Die Blüten sind klein und blühen in dichten Ähren oder Köpfchen.

## Verwendung:

Alle Wegericharten können das ganze Jahr über geerntet werden, wobei die beste Sammelzeit vor der Blüte im Frühling ist. Zum Essen geeignet sind die jungen Blätter als Saft oder als Gemüse, als Beilage zu Fisch oder auf Reis ergeben gekochte Spitzwegerichblätter einen nussigen bis pilzigen Geschmack. Für Mischsalate sollten die Blätter nach dem Waschen möglichst fein geschnitten werden, umso höher ist der Genuss. Die Blütenstände, die leicht walzenförmig sind, können nach kurzem Aufkochen auch in Essig als „saures Gemüse" eingelegt werden und eignen sich als Beilage zu allen Reisgerichten. Die Inhaltsstoffe sind Glykosid (Aucubin), Gerbstoffe, verschiedene Mineralstoffe sowie Flavonoide. Sie geben dem Spitzwegerich eine heilende Wirkung, wobei er besonders hustenlösend und schmerzlindernd wirkt. Frisch oder getrocknet ist Spitzwegerich daher auch hervorragend als Tee einzusetzen. Blattumschläge mit Spitzwegerich lindern Insektenstiche sowie Prellungen und Blutergüsse.

## Pflückhinweis:

Die jungen Blätter des Wegerichs eignen sich hervorragend für Salate. Am leichtesten lassen sie sich mit einer Schere ernten. Die Blütenstände, die noch vor der Blüte stehen sollten, können Sie ohne Probleme mit einem scharfen Messer abschneiden.

**Tipp:**
Suchen Sie möglichst Pflanzen, die in hohem Gras stehen, sie sind nicht ganz so bitter und eher zart.

***Zubereitung:***
*Legen Sie die jungen Blätter abwechselnd mit Zucker in einen Behälter. Dazu schichten Sie die Wegerichblätter in ein schmales Glas und streuen eine feine Lage Zucker darüber. Anschließend kommt die nächste Schicht Blätter, wiederum bestreut mit Zucker. Mindestens fünf solcher Lagen sollten Sie zubereiten und mit dem Wasser auffüllen. Schließlich wird das Glas sechs bis acht Wochen in einem dunklen Raum kühl gestellt, damit eine Art Gärprozess eintreten kann. Nach dieser Zeit erhitzen Sie das Ganze kurz und seihen die Masse ab. Der Geschmack des Sirups ist fruchtig und erinnert an Karamell.*

# Veilchen

## Viola odorata

*Familie: Veilchengewächse*

Veilchen sind mehrjährige Pflanzen, die fünf bis 20 Zentimeter hoch werden. Als traditionelle Frühlingsboten sind wilde Veilchen in Kombination mit Schlüsselblumen sehr bekannt.

**Erntezeit:**
Bereits im beginnenden Frühling, also ab März, stecken die ersten Veilchen ihre zarten Blüten und Blätter aus dem Erdreich hervor. Dann ist die beste Erntezeit für die aromatischen Schönlinge.

**Standorte:**
Veilchen leben gerne in lichten Wäldern und dort vornehmlich an Gebüschrändern, Wegböschungen und in Heckenlandschaften. Als

### *Veilchenessig*

***Zutaten:***
*30 g stark duftende Veilchenblüten*
*0,7 l Weißweinessig*

Garten-Zierpflanze überall „wild“ wachsend, sind die duftenden Schönlinge gern gesehen. Ihre botanische Bestimmung ist für Ungeübte nicht immer leicht, denn bei uns gibt es über zehn Arten.

## Blütezeit:

Von März bis in den April blühen die blauen Veilchen. Manchmal trifft man sie in rosa und in Ausnahmefällen in freier Natur sogar in weißer Farbe an.

## Verwendung:

Als Inhaltsstoffe finden sich bei Veilchen ätherische Öle und Saponine. Getrocknete Veilchenblüten eignen sich daher als Tee bei Halsentzündungen und fest sitzendem Husten. Veilchenpastillen und sogar Veilchentee („Herba Violae odoratae“) sind in jeder Apotheke erhältlich. Die Blüten eignen sich zur Dekoration und in kleinen Mengen besonders als Zutat in Salaten. Die Blätter können sowohl roh als auch gekocht verwendet werden, dazu sollten Sie allerdings den harten Blattstängel entfernen.

## Pflückhinweis:

Die hellblau bis violetten Veilchenblüten zupft man vorsichtig mit der Hand ab, ohne die ganze Pflanze herauszureißen.

***Zubereitung:***

*Zum Ansetzen des Veilchenessigs benötigen Sie eine sauber gespülte, am besten ausgekochte 1-Liter-Weinflasche. Die Veilchenblüten werden in die Flasche gegeben und mit dem Weinessig begossen.*
*Danach den Behälter gut verschließen und etwa acht Tage an einen hellen Ort stellen, jedoch nicht in die pralle Sonne. Nach dieser Frist die Flüssigkeit zunächst durch ein feines Sieb und anschließend noch einmal durch einen Papierfilter gießen.*
*Der so gewonnene Veilchenessig kann problemlos in kleine Fläschchen oder Karaffen gefüllt werden und behält sein angenehmes Aroma mehrere Wochen.*
*Veilchenessig eignet sich bestens für feine Salate, die durch frische Blüten – etwa Gänseblümchen oder auch Veilchen – optisch verfeinert werden können. Veilchenessig schmeckt auch gut in Buttersoßen, die zum Beispiel zu Kochfisch gereicht werden.*

# Vogelmiere

## Stellaria media

*Familie: Nelkengewächse*

Die Vogelmiere ist eine einjährige, sehr formenreich vorkommende Pflanze, die weltweit anzutreffen ist.

### Erntezeit:

Ernten können Sie die Vogelmiere im Frühjahr, wenn die Blättchen zart und vitaminreich sind.

### Standorte:

Es gibt eine ganze Anzahl von Mieren, aber nur die Vogelmiere ist in Massenbeständen auf Unkrautfluren, Äckern, Schuttplätzen und in Gärten als Kulturbegleiter zu finden. Die Pflanze wird drei bis 40 Zentimeter hoch und lebt bis in Höhenlagen von 1.800 Meter.
Die kleinen weißen Blütenkronenblätter sind von März bis Oktober überall zu finden, sie sind zum Grund gespalten und nicht länger als die Kelchblätter. Die grünen eiförmigen Blättchen sind unten gestielt und geben als Stickstoffanzeiger allen Vögeln und vor allem dem Federvieh reichlich Nahrung.

### Verwendung:

Die Vogelmiere ist auf Grund ihrer Inhaltsstoffe eine beliebte Salatpflanze. Ihr Geschmack ist saftig-nussig. Sie kann ganzjährig gesammelt werden. Als Tee zubereitet, wirkt die Vogelmiere gegen Husten und Hautentzündungen. Das gepflückte, aber leicht angetrocknete zerquetschte Kraut eignet sich zudem für das Auflegen auf Ekzeme und Wunden, um die Heilung voranzutreiben.

### Pflückhinweis:

Die Vogelmiere ist ein zartes Gebilde, das sich am ehesten mit einer kleinen Schere ernten lässt.

### *Küchentipps:*

*Die Vogelmiere eignet sich stets als Bestandteil eines Salates. Mit ihrem nussigen Geschmack bietet die Vogelmiere das ganze Jahr über eine Bereicherung für die Küche, da sie über Suppen gestreut und zu Käse gereicht werden kann. Sie lässt sich auch ähnlich wie Kresse zum Würzen einsetzen.*

### *Inhaltsstoffe:*

*100 Gramm Vogelmiere enthalten: 680 mg Kalium, 8 mg Eisen, 80 mg Kalzium und rund 40 mg Magnesium sowie 0,4 mg Provitamin A, Vitamin B, sage und schreibe 110 mg Vitamin C und verschiedene Saponine (Seifenbestandteile).*
*Wegen der letztgenannten Stoffe ist vom Verzehr in größeren Mengen abzuraten.*

# Waldmeister

## Galium odoratum

*Familie: Rötegewächse*

Die wissenschaftlich als Duft-Labkraut bezeichnete Pflanze heißt im Volksmund „Waldmeister“. In Deutschland unterscheidet man rund 16 Arten. Dabei ist bemerkenswert, dass der Waldmeister ganz unterschiedliche Biotope zum Leben braucht.

### Erntezeit:

Anfang bis Mitte April ist Waldmeister besonders aromatisch. Die Blätter sollten vor der Blüte geerntet und dann getrocknet werden.

### Standorte:

Die gehaltvolle Pflanze bevorzugt schattige Standorte vornehmlich im Wald mit lockeren, nährstoffreichen Böden, besonders gerne auf Kalk. Die mehrjährige Pflanze wächst aus einem kriechenden Wurzelstock in Regionen bis 1.800 Meter.

### *Die Maibowle*

*Zutaten:*
*1 Bündel Waldmeister*
*1 l Weißwein*
*1 Schuss Weinbrand*
*1 Flasche Rieslingsekt*
*Zucker oder Süßstoff nach Belieben*

**Blütezeit:**
Je nach Region blüht der Waldmeister von April bis Mai in kleinen, weißen Blüten, die sich des Öfteren teppichartig in lichten Buchenwäldern befinden.

**Verwendung:**
Neben seinem Einsatz als Bestandteil der bekannten „Waldmeisterbowle“, die stets mit vor der Blüte gepflückten Blättern angesetzt werden sollte, kann der Waldmeister hervorragend wegen seines intensiven Geruchs getrocknet im Kleiderschrank aufgehängt werden. Damit werden zum einen Motten und anderes Ungeziefer von Textilien fern gehalten, zum anderen gibt die Pflanze der dort deponierten Wäsche einen lang anhaltenden frischen Duft.

**Pflückhinweis:**
Beim Sammeln passieren dem Laien immer wieder Verwechslungen mit dem ähnlich aussehenden Waldlabkraut, da auch diese Pflanze an gleichen Stellen wächst. Unterscheidungsmerkmale sind unter anderem die stets dunkelgrünen Blätter des Waldmeisters und sein immer gesellig vorkommender Bestand. Sicherheit in der Bestimmung gibt auch die obligatorische Riechprobe durch Zerreiben der Pflanze zwischen den Fingern.

***Zubereitung:***
*Maibowle ist im Frühjahr eine willkommene Abwechslung, die erfrischt. Das Getränk belebt und fördert sogar die Verdauung, wenn es nicht im Übermaß getrunken wird. Den Waldmeister (Maikraut) mit einem Liter Wein ansetzen und etwa zwei Stunden ziehen lassen. Mit einem Schuss Weinbrand abschmecken und vor dem Servieren mit einer Flasche gekühltem Rieslingsekt auffüllen. Je nach Geschmack mit Zucker oder Süßstoff verfeinern.*

**Vorsicht!**
Waldmeister enthält das giftige Cumarin, das in erhöhter Dosis Kopfschmerzen und Sehstörungen verursachen kann. Die Inhaltsstoffe wirken ansonsten entschlackend, harn- und schweißtreibend sowie magenwirksam.

# Wald-sauerklee

## Oxalis acetosella

*Familie: Sauerkleegewächse*

Besonders in feuchten Waldregionen wächst der Sauerklee im Laub der Bäume.

**Erntezeit:**
Ab April lassen sich die zartgrünen Blättchen nutzen. Nach der Blüte der Pflanze werden sie ab Juni ungenießbar.

**Standorte:**
In fast ganz Europa in krautreichen schattigen Nadel- und Laubwäldern lebend, gedeiht Sauerklee bevorzugt in feuchten Lagen bis 1.900 Meter. Die zarte, nur 25 Zentimeter hoch werdende

Pflanze blüht auffallend weiß, manchmal im April/Mai auch rosa. Die lindgrünen Blätter sehen kleeartig aus und sind vom Geschmack her sauer, was vor allem an der Oxalsäure liegt. Kindern auf Schulausflügen oder Erwachsenen gilt der Sauerklee als Durstlöscher. Einige Blättchen kauen und der Durst ist weg – allerdings nicht zu viele verzehren, denn die Oxalsäure verträgt nicht jeder Magen gleich gut. Waldsauerklee wächst oft büschelweise auf Moos, verrottenden Baumstümpfen und Stämmen. Die Pflanze ist mehrjährig mit kriechendem, unterirdischem Spross. Die Samen werden durch einen Mechanismus weggeschleudert.

### Verwendung:

Tipp: Die Blätter des Waldsauerklees ergeben eine hervorragende Limonade. Dazu wird das möglichst frische Grün zerhackt, zerquetscht und für mehrere Stunden mit Wasser in einer Flasche angesetzt. Die Blattreste anschließend wieder herausfiltern: Fertig ist ein erfrischendes, allerdings sehr saures Getränk!

### Pflückhinweis:

Waldsauerklee lässt sich am besten durch Auszupfen oder Abschneiden mit einer Schere ernten.

**Vorsicht!**
Die Staude kann leicht mit dem giftigen Buschwindröschen verwechselt werden. Achten Sie daher stets auf die Blätter! Sie haben eine spezielle Schlafstellung, indem sie zusammenklappen, wenn es dunkel wird. Das machen sie allerdings auch, wenn man sie mehrmals mit dem Finger berührt!

# Wilder Schnittlauch

## Allium schoenoprasum

*Familie: Liliengewächse*

Bei Schnittlauch handelt es sich um eine mehrjährige Pflanze, die 20 bis 35 Zentimeter hoch werden kann. Er gedeiht bis in Höhenlagen von 2.100 Meter und wächst als Staude mit unterirdischer Zwiebel.

### *Quarkauflauf mit Schinken und Pilzen*

***Zutaten:***

*500 g Magerquark*
*1/2 Tasse Schnittlauch*
*2 Esslöffel Grieß*
*1/4 l Milch*
*3 Eigelb*
*200 g Schinken*
*3 Eiweiß*
*250 g Champignons*
*2 Esslöffel Paniermehl*
*etwas Fett, Salz und Pfeffer*

## Erntezeit:
Ende April/Anfang Mai zeigen sich die ersten grünen Spitzen des Wilden Schnittlauchs. Ab Mitte Mai kann man die zarten „Halme“ ernten.

## Standorte:
Schnittlauch steht gerne auf feuchten Wiesen und in Flachmooren. Die Pflanze fühlt sich aber auch an Flussufern mit Vermauerungen und Steinschüttungen wohl.

## Blütezeit:
Der Wilde Schnittlauch blüht von Mai bis Juni. Die halbkugeligen Blütenköpfe sind rosarot. Verwechslungen kann es nur mit Verwandten wie etwa dem gekielten Lauch, Weinbergs-Lauch oder dem Kugel-Lauch geben.

## Verwendung:
Als Gartengewürz sehr beliebt, ist der Schnittlauch in Mitteleuropa weit verbreitet und in der Küche als Gewürz nicht mehr wegzudenken. Schnittlauch ist vielseitig einsetzbar. So nimmt man ihn zum Beispiel gerne dafür, zu scharfe Zwiebeln zu „entschärfen“. Fein gehackt zu Suppen und Soßen passt Wilder Schnittlauch auch bestens zu Gemüse, Salaten, Fisch- und Käse-Gerichten, aber auch zu Quarkspeisen. Die Inhaltsstoffe, diverse Mineralien und vor allem Vitamin C sind erwähnenswert, die Pflanze soll appetitanregend und verdauungsfördernd sein. Aus der Medizin ist bekannt, dass Schnittlauch die Gallentätigkeit anregt, und in der Heilkunde wird er bei Schwellungen und langsam heilenden Wunden angewendet. Doch denken Sie daran: Zu viel Wilder Lauch kann „durchschlagenden“ Erfolg bei der Verdauung haben.

## Pflückhinweis:
Mit einer Schere lassen sich die „Halme“ des Schnittlauchs sehr gut abschneiden. In kleinen Bündeln gesammelt, bleibt das Wildkraut auch einige Tage in einem Glas Wasser frisch.

***Zubereitung:***
*Den Quark mit Milch, Grieß und Eigelb glatt rühren. Den gewürfelten Schinken, die gewaschenen Champignons mit den gehackten Zwiebeln und dem Schnittlauch unterrühren und mit Salz sowie Pfeffer abschmecken. Zum Schluss den steifen Eischnee unterheben. Die Masse kommt anschließend in eine gefettete Auflaufform, wird mit Paniermehl bestreut und mit einigen Fettflöckchen garniert. Die Auflaufform stellen Sie auf die untere Schiene des Backofens und lassen das Ganze bei 210 bis 225 °C etwa 30 Minuten lang garen.*

# Beifuß

## Artemisia vulgaris

*Familie: Korbblütengewächse*

Der Beifuß, im Volksmund auch „Wilder Wermut“ und „Jungfernkraut“ genannt, wird bis zu 1,50 Meter hoch.

**Erntezeit:**
Den „WildenWermut“ können Sie im Spätsommer beginnen zu ernten.

**Standorte:**
Der Beifuß kommt vor allem auf Ödland, an Wegrainen, Böschungen und Bahndämmen vor. Die Pflanze, die bis in 2000 Meter Höhe lebt, liebt Fluss- und Bachufer, wo sie auch heute noch

### *Der „Beifuß-Mix“*

***Zutaten:***
*5 g getrockneter Beifuß*
*25 g Honig*
*30 g Blaubeeren*
*ca. 1 l Wasser*

recht häufig anzutreffen ist. Achten Sie besonders auf den roten Stängel der Pflanze, denn das Korbblütengewächs kann vom Laien mit dem Greiskraut und Wermut verwechselt werden, da diese an gleichen Standorten wachsen.

**Blütezeit:**
Der Beifuß blüht von Juli bis in den späten Oktober, wobei die Pflanze weißwollige bis gelbe, eiförmige Blütenköpfe entwickelt. Diese sind sehr klein und manchmal auch rötlich gefärbt.

**Verwendung:**
Die Pflanze ist auf Grund ihrer ätherischen Öle und Gerbstoffe in der Heilkunde sehr beliebt. Sie hat eine verdauungsfördernde Wirkung und regt den Appetit an. Besonders bei fetten Speisen wie Gänse- oder Entenbraten sowie bei Schmalzbroten ist Beifuß als Gewürz hervorragend geeignet. In Kombination mit Basilikum, Thymian oder Rosmarin bereichert getrockneter Beifuß bestens die verschiedensten Wild- und Geflügelgerichte. Besonders Enten- und Gänsebraten erhalten mit ein paar Beifuß-Blättern eine delikate Note.
Doch Vorsicht: In größeren Mengen gegessen, ist die Pflanze unbekömmlich, weil sie zu Schwindelanfällen und Kopfschmerzen führen kann.
Der Blütenstaub des Beifuß ist ein Allergen, daher sollten Sie ihn besser nicht in der Wohnung zum Trocknen aufhängen. Ein luftiger Speicher und die Blätter und Stängel des Wildkrautes in Leinensäckchen verpackt, bieten Schutz vor den Beifuß-Allergenen.
Die Inhaltsstoffe des Korbblütlers sind wurmtreibend, fiebersenkend, entkrampfend und helfen gegen Darmparasiten.

**Pflückhinweis:**
Mit einer Schere lassen sich am besten die etwa zehn Zentimeter großen Stängelteile und Blätter abtrennen. In Leinensäckchen gesteckt, können die Portionen bequem nach Hause getragen werden. Als Sträußchen an Leinen gehängt, sollten sie mindestens vier Wochen trocknen.

**Achten Sie darauf!**
Nur die oberen Triebspitzen des Beifuß mit den Blütenköpfen sollten in der Küche Verwendung finden. Setzt man zu viel Beifuß beim Würzen ein, werden die Speisen leicht bitter.

***Zubereitung:***
*Setzen Sie den Beifuß mit den Blaubeeren und dem Honig sowie dem Wasser etwa zwei Stunden an. Filtern Sie danach den Sud durch ein Filterpapier. Sie erhalten so ein herrlich erfrischendes Getränk, das auch Stunden später noch mundet.*

# Brombeere

## Rubus fructiosus

*Familie: Rosengewächse*

Die Brombeere ist eine Beerenart, die noch häufig bei uns vorkommt. Im Volksmund auch Schwarzbeere genannt, wächst die Brombeere ab dem Frühjahr an geeigneten Standorten üppig und hoch. Der Botaniker unterscheidet in unseren Breiten unzählige Arten und Varianten, allen ist gemeinsam, dass sie essbar sind. Brombeeren kommen bis in Höhenlagen von 1.700 Meter vor.

### Erntezeit:

Ende Mai/Anfang Juni sind an sonnigen Stellen die ersten Früchte reif.

### Standorte:

Wald- und Gebüschränder bilden neben Acker- und Weinbergsbrachen die idealen Wuchsorte dieses dornigen Strauches. Die Brombeere vermehrt sich durch Samen und Ableger. Dabei ist sie

### *Brombeerlikör*

***Zutaten:***

*500 g frische, reife Brombeeren*
*250 g Zucker*
*1 l Weinbrand oder Wodka*

in der Lage, innerhalb kürzester Zeit brach liegende Flächen zu überwuchern und zu besiedeln. Die Höhe des Rosengewächses variiert zwischen einem und 4,5 Meter.
Der Vitamingehalt der Brombeere ist sprichwörtlich: Provitamin A, die Vitamine B1, C, E, PP und K, dazu Äpfel-, Wein- und Zitronensäure, Flavonoide und Gerbstoffe.

### Blütezeit:

Die Blütezeit reicht von April bis August, wobei die zarte Blüte der Brombeere weiß bis rosa leuchtet. Schon ab Mai lassen sich – je nach sonnigem Standort – die ersten Früchte ernten.

### Verwendung:

Als Marmelade oder Saft ist die Brombeere seit langem beliebt. Die jungen Blätter der Brombeere eignen sich übrigens sehr gut als Tee, auch als Salat sind Brombeerblätter sehr vitaminreich.

### Pflückhinweis:

Das Sammeln der süßen Früchte gestaltet sich oft nicht einfach, da die stacheligen Ranken ständig kratzen und behindern. Um beide Arme beim Pflücken frei zu haben, empfiehlt es sich, ein geeignetes Sammelgefäß einfach an einer Kordel um den Hals zu tragen, so haben Sie die Hände frei ...

***Zubereitung:***

*Vermengen Sie die gewaschenen Früchte mit Zucker und geben Sie das Ganze mit dem Weinbrand (Wodka) in ein fest verschließbares Deckelglas, das rund zwei Liter fasst. Zuschrauben und kräftig durchschütteln. Danach stellen Sie das Glas etwa sechs Wochen in die Sonne oder in ein warmes Zimmer. Nicht öffnen, sondern von Zeit zu Zeit nur kurz und kräftig schütteln. Den Brombeerlikör vor dem Gebrauch durch einen Kaffeefilter gießen und in geeigneten Flaschen abfüllen.*

# Fichte

## Picea abies

*Familie: Kieferngewächse*

Die Fichte ist unter den Waldbäumen der so genannte „Brotbaum“, da er schnellwüchsig ist und gerade wächst. Das Holz ist schnell „hiebreif“, deshalb wurde diese Baumart überall in Deutschland viele Jahre von der Forstverwaltung angebaut. Leider fallen Fichten in stürmischen Jahren wegen ihrer Tellerwurzeln leicht um, sodass mittlerweile die planmäßige Anlage von Fichtenwäldern unterbleibt.

**Erntezeit:**
Im Mai/Juni sind die Triebe der Fichte reif. Nun können Sie ernten.

### *Fichten-Sirup*

***Zutaten:***
*500 g Zweigspitzen*
*1 l Wasser*
*250 g Zucker*

## Standorte:

Die Fichte lebt auf der gesamten nördlichen Halbkugel und kommt bis in Höhenlagen von 1.900 Meter vor. Fichten bilden meist größere Bestände, die früher wegen ihrer Schnellwüchsigkeit gerne in der Forstwirtschaft kultiviert und gepflanzt wurden. Seit den Orkan-Katastrophen „Vivien“ und „Wiebke“ hat sich diese Einstellung geändert, denn die Fichte ist mit ihren Tellerwurzeln sehr anfällig gegen Wind und Sturm.

## Blütezeit:

Fichten blühen in der Regel zwischen April und Mai, die männlichen Blüten schimmern rötlich. Bäume dieser Nadelbaumart können bis zu 300 Jahre alt und 60 Meter hoch werden. Charakteristisch ist die stets kerzengerade wachsende Krone, deren Äste quirlförmig um den Stamm wachsen. Die Nadeln liegen in kleinen, braunen, verlängerten Nadelkissen. Die Früchte der Fichte, die Zapfen, sind immer hängend, was den Baum von den Tannenarten unterscheidet.

## Verwendung:

Junge Fichtentriebe eignen sich durchaus für die Küche, wobei sie wegen ihres hohen Vitamin-C-Gehaltes leicht säuerlich, jedoch aromatisch erfrischend munden. Da sie stets etwas nach Harz schmecken, mit zunehmendem Alter sogar sehr intensiv, sollte man besser nur ganz junge Triebe verwenden.
In der Heilkunde kennt man die hustenlösende, blutreinigende Wirkung der Knospen und Triebe, die für einen Sud mit heißem Wasser überbrüht werden, der danach zehn Minuten zum Ziehen braucht.

## Pflückhinweis:

Junge Fichtentriebe lassen sich leicht mit einer Schere schneiden. Wer mag, sollte sich Handschuhe anziehen, da die Triebe stark harzen. Transportiert werden sie in einer Leinentasche, damit sie durchlüftet werden.

***Zubereitung:***
*Zerkleinern Sie die hellgrünen Zweigspitzen und kochen Sie die Triebe etwa 30 Minuten im Wasser. Den Sud durch ein Sieb passieren und zusammen mit Zucker zu Sirup einkochen. Lassen Sie sich von der grünbraunen, leicht harzig schmeckenden Marmelade überraschen, die pikant und fast schon exotisch mundet. Guten Appetit!*

# Goldröhrling

## Suillus grevillei

*Familie: Röhrlinge*

Als Schönröhrling oder Lärchenröhrling bekannt, ist der Goldröhrling auch für unerfahrene Pilzsammler leicht zu finden.

**Erntezeit:**
Goldröhrlinge kommen bei uns in den Monaten Juli bis Oktober in Wäldern, Parks und Gärten vor, wenn Lärchen in der Nähe sind.

**Standorte:**
Der Goldröhrling steht immer in der Nähe von Lärchenbäumen und lebt gesellig. Zum Glück gibt es keine ähnlichen Giftpilze, die mit dem Goldröhrling verwechselt werden könnten. Die Familie der Röhrlinge umfasst 14 Arten, die alle an der Hut-Unterseite anstelle

***„Pilz-Allerlei"***

***Zutaten:***
*500 g Waldpilze*
*1 Zwiebel*
*2 Brötchen*
*Milch*
*Öl*
*1 Ei*
*3 Esslöffel Grieß oder auch Paniermehl*
*Butter*
*2 Esslöffel gehackte Petersilie*
*Salz, Pfeffer, Muskatnuss*
*1 Teelöffel Zitronensaft*

von Lamellen eine Schicht eng aneinander stehender Röhren aufweisen. Der ziemlich große Pilz, dessen Röhren, Hut und Stiel leuchtend gelb gefärbt sind, hat einen etwa zehn Zentimeter breiten schleimigen Hut. Am Stiel befindet sich immer ein ebenfalls schleimiger Ring sowie die Überreste eines hautartigen Schleiers zwischen Hut und Stiel.

### Verwendung:

Sein Fleisch ist gelblich und relativ weich, schmeckt allerdings köstlich. Der Pilz lässt sich gut trocknen, frisch schmecken Pilze jedoch am besten. Dazu werden sie in Form eines Ragouts oder als Beilage zu Braten und Omeletts gereicht.

### Pflückhinweis:

Bevor Sie den Goldröhrling, der am Boden mit einem scharfen Messer abgeschnitten wird, in den Korb legen, sollten Sie den Schleim an Hut und Stil vorsichtig mit der Klinge abziehen, damit die Pilze nicht verkleben.

***Zubereitung:***
*Säubern Sie die Pilze und würfeln Sie sie ganz fein. Die Zwiebel ebenfalls würfeln und beides etwa zehn Minuten in Butter dünsten. Die Brötchen gut in Milch einweichen, dann ausdrücken, in einer Pfanne glatt rühren und auskühlen lassen. Nachdem die Brötchen zusammen mit den Pilzen, den Zwiebeln, Ei, Grieß und Petersilie verrührt wurden, sollten sie mit Salz und Pfeffer und etwas Muskat abgeschmeckt werden. Zum Schluss so viel Grieß (oder Paniermehl) hinzufügen, dass die Masse zu Kugeln geformt werden kann. Diese werden flachgedrückt und in heißem Öl hellbraun gebacken.*

# Große Brennnessel

## Urtica dioica

*Familie: Nesselgewächse*

Brennnesseln kennt in Mitteleuropa wohl jedes Kind. Der Stickstoffanzeiger wird bis zu 1,50 Meter hoch, wächst bis in 2.400 Meter Höhe und lässt sich vielfältig in der Küche und Heilkunde einsetzen. Wegen der feinen Brennhaare an Stängel und Blättern ist die Pflanze wohl jedem aus Erfahrung bekannt. Der Hautkontakt, etwa mit Händen und Füßen oder gar nacktem Gesäß, wird zum „unvergesslichen Erlebnis", ist allerdings harmlos. Man unterscheidet die große und kleine Brennnessel, beide sind als Gemüse- und Heilpflanzen gleichermaßen wertvoll.

### *Brennnessel-Auflauf*

***Zutaten:***
*4 Hände voll Brennnesseln*
*2 Brötchen*
*2 Tassen Milch*
*1 Esslöffel Butter*
*1 Zwiebel*
*1 Ei*
*100 g geriebener Käse*
*Je nach Geschmack mit Majoran, Liebstöckel, Oregano, Salbei und Salz würzen.*

### Erntezeit:
Ab Mai lassen sich die Blättchen sehr gut mit einer Schere ernten.

### Standorte:
Wegränder, Ruteralfluren, Uferbereiche, Schuttplätze, Äcker, Mauern, Gärten, Komposthaufen, entlang von Bachläufen – die Brennnessel ist überall anzutreffen.
Die kleine Brennnessel wird nur bis 60 Zentimeter hoch und ist seltener; als einjährige Pflanze lebt sie ebenfalls gerne auf Brachgelände und steinigem Gelände.

### Blütezeit:
Brennnesseln blühen von Mai bis September mit gelblich-grüner Blüte. Die Pflanze bietet Nahrung für viele Tierarten, zum Beispiel für die schwarzen Raupen des Tagpfauenauges.

### Verwendung:
Brennnesseln lassen sich hervorragend als Spinat nutzen. Dazu werden die obersten, zarten Blättchen gezupft. Die Wildpflanze lässt sich natürlich auch im Garten kultivieren. Durch regelmäßiges Abmähen erhalten Sie so immer neue junge Pflanzen, deren Triebe sich in der Küche verwenden lassen. Die ganze Pflanze stets über dem Boden abschneiden und reichlich unter fließendem Wasser waschen, dadurch werden die Brennhaare, die Histamin enthalten, zerstört. Handschuhe helfen natürlich auch, um die Blätter unbeschadet vom Stängel zu streifen. Brennnesseln können einen sehr guten Tee ergeben, da die Blätter blutreinigend und wassertreibend wirken. Der hohe Vitamingehalt, die Gerbsäure und die verschiedenen Mineralstoffe wirken außerdem gegen Gicht und Rheuma. Hätten Sie's gewusst? Die Wurzel lässt sich zum Färben verwenden, etwa für goldgelbe Ostereier. Dazu wird die Wurzel gekocht und das Ei in den entstehenden Sud gelegt. Klein gehackt, setzt man die Pflanze auch für die Kükenaufzucht ein, da sie durchfallhemmend wirkt.

### Pflückhinweis:
Am schnellsten erntet man Brennnesseln mit einer Schere. Außerdem sollte man auf Grund der Brennhaare Handschuhe tragen. Will man nur die Blüten, lassen sich diese leicht per Hand abzupfen.

***Zubereitung:***
*Die sauber gewaschenen Brennnesseln werden in etwas Wasser weich gekocht und mit den angegebenen Gewürzen abgeschmeckt. Schneiden Sie die beiden Brötchen klein und übergießen Sie die Bröckchen zum Dämpfen mit der Milch. Die klein geschnittene Zwiebel wird in der Butter gedünstet und zu den Brötchen gegeben. Rühren Sie anschließend vorsichtig die Brennnesseln und das Ei darunter. Die Masse füllen Sie in eine gefettete Form, die mit Käse überstreut wird. Nach 30 Minuten ist der Auflauf bei 175 °C servierbereit.*

# Große Klette

**Arctium lappa**

*Familie: Köpfchenblütler*

Kletten sind in Waldschlägen, an Wegen und in Unkrautgesellschaften häufig anzutreffen. Der Korbblütler kommt bis in Höhenlagen von 1.100 Meter vor. Besonders auf Kinder üben Kletten eine besondere Faszination aus, denn ihre hakigen Blütenblätter verholzen im Herbst und lassen sich als „Geschosse" trefflich anderen Spielkameraden überwerfen.

### Kletten-Wurzeln

***Zutaten:***
*4 bis 5 zigarrenlange Wurzelstücke*
*Öl*
*Salz, Pfeffer*

### Erntezeit:
Ab den Sommermonaten sind die Kletten bei uns präsent.

### Standorte:
Die große Klette ist in Europa weit verbreitet. Meist findet man sie in der Umgebung von so genannten Unkräutern. Kletten bevölkern Waldschläge, Lichtungen, Schuttplätze, Wegraine, Gärten, Gebüsch und Ödland. Die zweijährige Pflanze blüht sehr formenreich von Juni bis September, wobei Kletten bis 1,50 Meter hoch werden können. Man unterscheidet bei uns drei Arten: die Große, Filzige und die Hain-Klette. Kletten wachsen dornlos aufrecht und haben behaarte, hohle Stängel. Die Blüten variieren von purpurrot bis rosa und sind eiförmige Röhrenblüten.

### Verwendung:
Sowohl die Blattstiele als auch die Blätter und Samen der Klette sind essbar. Aber auch die Wurzel wird gerne gesammelt. Sie wächst jedoch sehr tief! Gesäubert und getrocknet eignet sie sich als Badezusatz und hat heilende Wirkung bei Geschwüren und Hautausschlägen. Die Inhaltsstoffe Inulin, diverse Schleime, Polyacetylene, ätherische Öle sowie Gerb- und Bitterstoffe wirken blutreinigend und harntreibend. Für einen Tee übergießt man zwei Teelöffel der geschnittenen Wurzeln mit einem Viertel Liter kaltem Wasser. Nach fünf Stunden Standzeit wird das Ganze kurz erhitzt, abgeseiht und kann in kleinen Schlückchen getrunken werden.

### Pflückhinweis:
Blätter und Stiele der Kletten lassen sich am besten mit einer Schere ernten. Um an die Wurzel zu kommen, ist eine Harke oder ein Spaten von Nöten, da diese sehr tief im Erdreich sitzen.

***Zubereitung:***
*Nachdem die Wurzel ausgegraben ist, sollte sie gereinigt und eventuell gespleißt (aufgeschnitten) werden. Schälen Sie die einzelnen Wurzeln und kochen Sie diese 20 bis 30 Minuten lang. Anschließend in Öl scharf anbraten. Der Geschmack ist sehr pikant und erinnert ein wenig an den der Schwarzwurzeln.*

# Guter Heinrich

## Chenopodium bonus-henricus

*Familie: Gänsefußgewächse*

Im Volksmund auch „wilder Spinat“ genannt, wird der „Gute Heinrich“ bis zu 60 Zentimeter hoch.

### Erntezeit:
Ab den Monaten Juni/Juli ist der Gute Heinrich erntereif. Seine Blätter sind dann besonders zart und vitaminreich.

### Standorte:
Der hauptsächlich in mediterranen Gebieten, aber auch bei uns vorkommende „Gute Heinrich“ wächst bevorzugt an Straßen, Wegen und Ackerrändern. Als Stickstoffanzeiger liebt das Gänsefußgewächs kalkreiche Böden. Oft verwechselt mit Beifuß, Brennnessel oder Sauerampfer ist sein Vorkommen bis in Höhenlagen von 2.200 Meter nachgewiesen. Das Gänsefußgewächs wuchs früher in ganz Europa, aber durch die zunehmende Industrialisierung und Modernisierung der Landwirtschaft gehen die Bestände des „Guten Heinrichs“ mehr und mehr zurück.

### Verwendung:
Die jungen, eisenhaltigen Blätter eignen sich ganz hervorragend als Spinat-Ersatz oder Suppenbeilage. Sogar die Sprossen und Ähren des vom Juni bis August blühenden Gewächses sind als Gemüse delikat. Doch setzen Sie den „Guten Heinrich“ nicht allzu häufig in der Küche ein, denn er wirkt blutreinigend und abführend. Menschen, die unter Gicht oder einer Nierenkrankheit leiden, sollten ganz auf den „Guten Heinrich“ verzichten.

### Pflückhinweis:
Der Gute Heinrich lässt sich leicht mit der Hand abpflücken, wobei die Blättchen zur Pflanzenspitze hin stets am zartesten sind.

### *„Heinrich-Salat“*

***Zutaten:***
*500 g junge Blätter*
*2 Stangen Lauch*
*Öl*
*Salz, Pfeffer*

***Zubereitung:***
*Die Blätter werden gepflückt, gewaschen, klein geschnitten und zusammen mit Öl, Salz, Pfeffer und Lauch geköchelt. Gießen Sie das Ganze nach 20 Minuten ab und servieren Sie den „Guten Heinrich“ zusammen mit Kartoffeln und Spiegeleiern. Guten Appetit!*

# Heidelbeere

**Vaccinium myrtillus**

*Familie: Heidekrautgewächse*

### *Heidelbeer-Marmelade*

*Zutaten:*
*1.000 g Heidelbeeren*
*1.000 g Gelierzucker*
*1 unbehandelte Zitrone*
*4 cl Kirschwasser*

Im Volksmund auch Blaubeere, Bickkraut oder Schwarzbeere genannt, wird der kleine Strauch bis zu 40 Zentimeter hoch.

**Erntezeit:**
Die schwarz-blauen Beeren können von Juli bis Oktober gepflückt werden.

**Standorte:**
Die Heidelbeere kommt auf der gesamten nördlichen Halbkugel vor und wächst im Halbschatten der Wälder. In Höhenlagen von 400 bis 1.000 Meter gedeiht die Pflanze vor allem in Nadelwäldern, wo sie sich auf sandigen und sauren Böden wohlfühlt. An idealen Stellen bilden sich rasch Massenbestände, die Mensch und Tier anlocken.

**Blütezeit:**
Die Heidelbeere bildet zwischen Mai und Juni kleine, unscheinbare Blüten, die krug- oder glockenförmig hellgrün bis rötlich herabhängen.

**Verwendung:**
Heidelbeeren eignen sich bestens für die Küche, da die Beeren für Kuchen, Kompott, Säfte und sogar als Wein verwendet werden können. Die Blätter der Pflanze sollten nur von Mai bis August als Tee genutzt werden. Die Inhaltsstoffe Provitamin A, Organische Säuren, Vitamin B, PP, C, Gerbstoffe, Benzoesäure, Glykoside und viele Mineralstoffe machen die Heidelbeere für die Ernährung wertvoll. Die Beeren können sehr gut getrocknet werden. Für Kompott sollte man Zucker oder Sirup in heißem Wasser auflösen, die Heidelbeeren dazugeben und etwa eine Stunde ziehen lassen.

**Pflückhinweis:**
Früher verwendete man zur Ernte eine Art von Kamm, der durch die dichten Bestände gezogen wurde. Das Abpflücken der einzelnen Beeren per Hand ist sehr mühselig. Die Beeren sammelt man am besten in einem luftdurchlässigen Korb, damit sie nicht zermatscht werden. Plastiktüten und Eimer sind nicht geeignet.

**Tipp:**
Achten Sie auf eine unschöne Eigenart der Heidelbeere: Sie färbt fürchterlich ab, sodass Hände und Kleidung tief blau leuchten. Flecken auf Hemd oder Hose lassen sich fast nicht mehr entfernen, Zähne und Lippen verlieren jedoch nach einiger Zeit ihren „Blaustich“.

***Zubereitung:***
*Heidelbeeren gründlich waschen, damit die oben schwimmenden Blättchen und unreifen Früchte leichter abgeschöpft werden können. Nach dem Abtropfen geben Sie die in dünne Spiralen geschälte Zitronenschale zusammen mit den Beeren und dem Gelierzucker in einen Topf. Den Inhalt unter ständigem Rühren und nicht zu starker Hitze zum Kochen bringen und fünf Minuten sprudeln lassen. Nach dem Entfernen der Zitronenschale den Topf vom Herd nehmen und das Kirschwasser in die Konfitüre gießen. Alles rasch in Gläser füllen und mit „Twist-off“- oder Schraubdeckeln verschließen. Während des Abkühlvorgangs die Gläser mehrmals drehen, damit sich die Früchte gut verteilen. Die Haltbarkeit der Heidelbeer-Marmelade liegt bei acht bis zehn Monaten.*

# Himbeere

## Rubus idaeus

*Familie: Rosengewächse*

### Himbeer-Johannisbeer-Gelee

*Zutaten:*
*600 g Himbeeren*
*600 g rote Johannisbeeren*
*1 Beutel Gelierpulver (10 g)*
*4 cl Himbeergeist*
*1.000 g Gelierzucker*

Der Name Himbeere bezieht sich im Altdeutschen auf „Hinde", so nannte man früher die Hirschkuh („Him" – „Hinde"). Man sagt, die Himbeere wächst dort, wo die Hirschkuh ihr Tagesversteck hat.

**Erntezeit:**
Himbeeren blühen im Mai/Juni in weißen, kleinen Blüten. Die roten Beeren der Himbeere sind ab Juli bis Ende August zu ernten, während die Blätter Anfang Mai am saftigsten sind.

**Standorte:**
In fast ganz Europa verbreitet und häufig vorkommend, wachsen Himbeeren besonders üppig in lichten Wäldern auf Kahlschlägen und Waldwegrändern bis in Höhen von 1.800 Meter. Das Rosengewächs kann bis zu zwei Meter hoch werden, ist schwach be-

stachelt und braucht immer Feuchtigkeit. Der Strauch wächst stets gesellig, junge Triebe sind meist aufrecht und mit kleinen Stacheln bewehrt. Die Unterseite von Himbeerblättern schimmert immer weißfilzig und sind nicht mit ähnlichen Arten wie der Brombeere zu verwechseln.

## Verwendung:

Genutzt werden die Blätter als Tee. Mit anderen Zutaten gemischt, wirkt das Getränk bestens gegen Blähungen, Magenbeschwerden und zur Schleimlösung. Die magenfreundlichen Beeren enthalten viel Vitamin B1, B2, C und PP und lassen sich hervorragend als Marmelade, Saft oder Sirup verwenden.

## Pflückhinweis:

Die zarten Blättchen lassen sich am besten mit bloßen Händen abzupfen. Sie können zum Transport gut in einen kleinen Korb gelegt werden. Das gleiche gilt für die empfindlichen Früchte, die aber auch in einem Eimerchen gesammelt werden können.
Oft sind in den Himbeerfrüchten kleine Maden, die nicht für jeden Menschen angenehm, aber ungefährlich sind. Sie sollten vor der weiteren Nutzung entfernt werden.

***Zubereitung:***

*Waschen Sie die Beeren gründlich und lassen Sie die Früchte gut abtropfen, ehe Sie die Beeren im Schnellkochtopf entsaften. Die Flüssigkeit anschließend mit dem Gelierpulver aufkochen und unter ständigem Rühren den Zucker einrieseln lassen. Das Ganze sollte dann einmal richtig aufkochen, bevor der Topf vom Herd genommen wird. Zum Schluss fügen Sie den Himbeergeist hinzu und füllen den Gelee rasch in etwa vier Gläser (500 ml) mit Schraubdeckel. Himbeergelee lässt sich, dunkel verwahrt, an einem kühlen Ort bis zu zehn Monate aufbewahren.*

# Kalmus

## Acorus calamus

*Familie: Aronstabgewächse*

Im Volksmund wird der Kalmus auch Deutscher Ingwer oder Magenwurz genannt.

**Erntezeit:**
Ab Juli/August können Sie die Wurzeln des echten Kalmus ernten.

**Standorte:**
Die Pflanze stammt eigentlich aus Südostasien und wurde im 16. Jahrhundert in ganz Europa als Heilpflanze eingeführt. Ihr Siegeszug führte von Konstantinopel aus über Wien zu uns, wobei der Kalmus verwilderte und heute vornehmlich an Stillgewässern wie Teichen, Gräben und Altwassern steht.

**Blütezeit:**
Von Mai bis Juli bildet der Kalmus kleine, an einem Blühkolben angeordnete weißliche Blüten. Die bis 1,60 Meter hohe Pflanze ist mehrjährig. Die Blätter sind schwertförmig und im Gegensatz zur Schwertlilie immer gewellt und dunkelgrün.

**Verwendung:**
Der echte Kalmus enthält in seiner Wurzel ätherische Öle und Bitterstoffe, die bei Magenbeschwerden und Appetitlosigkeit helfen. Setzt man Kalmus in der Heilkunde vornehmlich in Form von Tee ein, eignet sich die Pflanze aber auch ähnlich wie Ingwer für die Zubereitung von Speisen und Getränken.
Gelegentlich gibt man Kalmus als Likörzusatz bei, und sogar in der Zahnpasta oder im Mundwasser findet er Verwendung.

**Pflückhinweis:**
Mit einer Harke lässt sich das Wurzelwerk am leichtesten aus dem Erdreich ausgraben. Wenn der Untergrund nass ist, lässt sich die Pflanze auch ganz aus der Erde ziehen.

### *Buchenlikör*

***Zutaten:***
*2 Hand voll junge Buchenblätter*
*1 Fingerkuppen-großes Stück Kalmuswurzel*
*0,7 l klarer Schnaps (40 %)*
*200 Gramm Zucker*
*Wasser nach Bedarf*

***Zubereitung:***
*Nach dem Säubern der Buchenblätter legen Sie diese mit der Kalmuswurzel in ein großes Einmachglas, das mit dem Schnaps aufgefüllt wird. Das Glas mit seinem Inhalt an einem warmen Ort fünf bis acht Tage stehen lassen, bis die Flüssigkeit hellgrün wird. Dann den Inhalt durch einen Papierfilter gießen. Zusammen mit dem in Wasser aufgelösten Zucker vermischen. Fertig ist ein fruchtig-herber Likör, den Sie in einer hübschen Flasche auch wunderbar verschenken können.*

# Pfefferminze

## Mentha piporita

*Familie: Lippenblütler*

In unseren Breiten gibt es eine große Zahl von wilden Minzearten, die alle ähnliche Inhalts- und Wirkstoffe besitzen.

### Erntezeit:

Am besten im Frühsommer. Ab Juni sprießen die zarten Blättchen besonders üppig.

### Standorte:

Minzen sind weit verbreitet und kommen meist an feuchten Stellen vor. Ideale Standorte sind Ufer- und Grabenbereiche, Brachland und Schuttplätze, wobei auch trockene Standorte besiedelt werden. Die

### *Fischsuppe mit Minze*

***Zutaten:***

*4 Weißfische (Döbel, Rotauge oder Barsch) á 200 g*
*1 Tasse Minzblätter*
*1 Lorbeerblatt*
*2 Zwiebeln*
*Saft einer Zitrone*
*1 Schuss Öl*
*Fischgewürz (im Handel erhältlich)*
*Pfeffer, Salz*

gesellig lebenden Stauden blühen von Juni bis September und gedeihen bis in Höhenlagen von 2.000 Meter. Die Pflanzen werden zehn bis 80 Zentimeter hoch, wobei sich die einzelnen Arten untereinander kreuzen, sodass eine klare Unterscheidung nur dem Fachmann möglich ist. Unterteilt werden sie generell in zwei Gruppen: Minzen mit Blütenquirlen und Minzen mit ährenförmigen Blütenständen. Allen ist der typische Minzegeruch gemeinsam.

### Verwendung:

Alle Teile der Pflanze sind essbar, wobei die Minze als Teegetränk den größten Bekanntheitsgrad hat. Besonders ausgeprägten Duft besitzt die echte Pfefferminze, die aus Kreuzungen mit anderen Arten als Kulturform gezogen wurde. Die ätherischen Öle mit ihren Mentholverbindungen wirken antiseptisch, schmerzlindernd und entkrampfend.

### Pflückhinweis:

Die Minzblättchen sind sehr leicht mit einer kleinen Schere zu ernten. Beim Pflücken sollten Sie aber darauf achten, dass keine Insekteneier, kleine Raupen oder Schnecken am Blattwerk kleben.

***Zubereitung:***
*Nach dem Schuppen und Ausnehmen des Fisches wird das komplette Tier mit Gräten, Kopf etc. zusammen mit den Minzblättern 30 Minuten gekocht. Geben Sie einen Schuss Öl hinzu und würzen Sie danach den Sud nach eigenem Geschmack mit Salz und Pfeffer. Jetzt kommen die Zwiebeln und das Lorbeerblatt hinzu. Schütten Sie die „groben Brocken" der Fischsuppe anschließend durch ein Sieb. Nun müssen Sie den Sud noch mit Zitronensaft abschmecken – und fertig ist die köstliche Fischsuppe.*

# Sauerampfer

**Rumex acetosa**

*Familie: Knöterichgewächse*

Der Sauerampfer ist eine Pflanze der Wiesen und Weiden. Oft wächst das Knöterichgewächs aber auch an Wegrainen und Schutthalden.

**Erntezeit:**
Die zarten Blättchen erntet man am besten Ende Juni, dann sind sie am saftigsten.

**Standorte:**
Mehrjährige, bis 100 Zentimeter hohe Pflanze, die vorzugsweise auf feuchten Wiesen, an Wegrändern, Ruderalplätzen und Schuttplätzen wächst. Der Stickstoffanzeiger ist recht häufig und kommt bei uns bis in 1.700 Meter Höhe in bis zu zehn Arten vor, die alle genießbar sind. Doch denken Sie daran: Wiesenampfer ist am ehesten für die Küche geeignet.

### *Sauerampfersuppe*

***Zutaten:***
*100 g Sauerampfer*
*1 Stange Lauch*
*3 Esslöffel Öl*
*200 g Kartoffeln*
*100 g Saure Sahne*
*2 Esslöffel gehackte Zitronenmelisse*
*1 Bund Schnittlauch*
*1 l Gemüsebrühe*
*1 Knoblauchzehe*
*Kräutersalz, frisch gemahlener Pfeffer und Muskatnuss nach Belieben*

### Blütezeit:
In der Blütezeit bestimmt der Sauerampfer die Farbe der Wiese. Die kleinen, rötlichen Ähren dominieren von Juli bis August das Grün. Die wechselständigen Blätter haben eine tütenförmige Scheide am Stängel.

### Verwendung:
Die kleinen, grünen Blättchen des Wiesensauerampfers schmecken stark säuerlich, was auf die Oxalsäure zurückzuführen ist. Die Pflanze ist auf Grund ihres hohen Oxalsäure-Gehalts als giftig eingestuft. In gekochtem oder abgebrühtem Zustand vermindern sich die schädigenden Stoffe jedoch erheblich. Viele Leser haben sicherlich in jungen Jahren aus Neugier einmal rohen Sauerampfer probiert, wobei die Pflanze aus oben genanntem Grund stets in Maßen genossen werden sollte. Als Wildgemüse werden die jungen Blättchen der oberen Triebe oder aber der frisch austreibenden Rosette genutzt. Durch Zurückschneiden der Stängel sind stets neue zarte Blättchen erntebereit. Als Breiumschlag hilft Sauerampfer übrigens gegen Hautleiden und Wundinfektionen, sogar Brennnessel- und Insektenstiche lassen sich damit bestens lindern.

### Pflückhinweis:
Mit einer Schere oder aber auch einem scharfen Messer lassen sich die feinen Blättchen im oberen Drittel der Pflanze, wo sie am gehaltvollsten sind, ernten. Sie sollten in einem Körbchen luftig aufbewahrt werden.

***Zubereitung:***

*Putzen Sie den Lauch und schneiden Sie ihn in feine Ringe. Zusammen mit der Knoblauchzehe in Öl andünsten, die in Würfel geschnittene Kartoffel dazugeben und mit der Brühe auffüllen. Das Ganze ca. 15 Minuten lang köcheln. Pürieren Sie dann alles mit einem Pürierstab, bis es sämig ist.*
*Den sauber gewaschenen Sauerampfer fein schneiden und in die pürierte Suppe geben, die dann noch einmal aufkochen sollte. Mit der Sauren Sahne und den Gewürzen abschmecken und vor dem Servieren mit der fein geschnittenen Melisse und dem Schnittlauch garnieren.*

# Schafgarbe

## Achillea millefolium

*Familie: Köpfchenblüher*

Im Volksmund auch Achilleskraut genannt, bezieht sich der Name „millefolium" (tausendblättrig in der deutschen Übersetzung) auf die feine Fiederung der Blätter.

**Erntezeit:**
Die Sammelzeit der Blätter und Blüten ist von Mai bis in den August, die Staude blüht oft schon in der gleichen Zeit.

**Standorte:**
Die Schafgarbe gedeiht besonders an trockenen Hängen, Wegrainen, auf Äckern, Ödland, Schuttplätzen und an Bahndämmen. Sie kommt in ganz Europa bis in 2.500 Meter Höhe vor und ist ein ausdauerndes Kraut mit rispenartigen gelblich-weißen (manchmal auch rosa) Blütenständen.

## Verwendung:

Ein Spruch aus dem Mittelalter lautet: „Schafgarbe im Leib, tut gut jedem Weib." Schafgarbe wirkt gegen Unterleibserkrankungen, Blähungen, Stoffwechselstörungen, ist appetitsteigernd und sogar für Bäder geeignet. Der Köpfchenblüher wird auch in Likören sowie im Saft verwendet. Als Tee oder Absud nutzt man die Blüten und die Blätter. Die ätherischen Öle, Bitterstoffe, Harze und Gerbstoffe sorgen dafür, dass Schafgarbe nach Pfeffer schmeckt. Vorsicht! Eine zu hohe Dosis von Schafgarbe kann zu Lichtreaktionen auf der Haut führen! Das Gleiche gilt für den Kontakt mit dem Saft der Pflanze.
Die fein gehackten Blätter verfeinern hervorragend Salate, Käsevariationen und Suppen. Schafgarbe eignet sich auch als Beilage zu fetten Fischsorten (Aal, Waller etc.) und ist als blutreinigendes, blutdrucksenkendes und sogar blutstillendes Arzneimittel bekannt. Ein Brei mit den Blättern der Schafgarbe wirkt auf Wunden blutstillend und heilend.

## Pflückhinweis:

Mit bloßer Hand lassen sich die Blüten und Blätter leicht portionsweise abzupfen.

# Schwarzer Holunder

## Sambuchus nigra

*Familie: Geißblattgewächse*

Im Volksmund als Holler- oder Holder-Flieder bekannt, stand der wuchsfreudige Holunderstrauch früher an jedem Haus, Schuppen oder im Garten. Besonders in ländlichen Gebieten wurde der Schwarze Holunder sehr geschätzt, denn seine Bestandteile und Früchte eignen sich vorzüglich für den Einsatz in der Heilkunde und Küche. Das Geißblattgewächs kommt in Höhen bis 1.600 Meter vor und kann zwischen zwei und zehn Meter hoch werden.

**Erntezeit:**

Die kleinen weißen Blüten sind ab dem Frühsommer (Juni) pflückreif.

### *Holunderbeersuppe*

***Zutaten:***

*6 reife Holunderdolden*
*2 süße Äpfel (auch Birnen)*
*1 oder mehr Vanilleschoten*
*Wasser nach Bedarf*
*3 Esslöffel Honig*
*1 Prise Zimt*
*1 Eiweiß*
*2 Esslöffel Puderzucker*
*eventuell Speisestärke*

## Standorte:

Die Pflanze wächst wild an Straßen und Wegrändern sowie in lichten Gebüschen und an Waldrändern. Man unterscheidet drei Holunderarten: den Roten, den Schwarzen und den Zwerg-Holunder. Nur der Schwarze Holunder ist essbar, jedoch sind auch seine Beeren in unreifem Zustand giftig.

## Blütezeit:

Im Juni bis Juli blüht der Holunder cremeweiß in so genannten Trugdolden und verströmt einen angenehmen Duft. Die Zweige sind leicht zu brechen und besitzen ein weißes Mark. Am Stamm sind viele Korkwarzen. Die Blätter sind bis zu 30 Zentimeter lang, gefiedert, unpaarig und mit drei bis sieben Blättchen spitz zulaufend. Die reifen Beeren können ab Ende Juli geerntet werden und sind vielfach zu verwenden, dürfen aber auf keinen Fall roh gegessen werden.

## Verwendung:

Als Tee sind die kleinen Blüten bestens geeignet. In getrockneter Form aufgegossen, hilft der Sud gegen Erkältungen, Fieber, Grippe und sogar Rheuma. Die Pflanze hat reichlich Inhaltsstoffe wie Vitamin C, Zucker, Pektine und Mineralien sowie ätherische Öle. Holunderblüten lassen sich gut in Form von Pfannekuchen oder als Holunderkuchen verwenden. Doch Vorsicht: Die Blätter sind giftig!

## Pflückhinweis:

Mit einer Schere lassen sich die kleinen Blüten am besten schneiden. Vorsicht! Die Früchte erst dann ernten, wenn sie schwarz sind. Rot oder grün sind die kleinen Beeren giftig und ungenießbar!

***Zubereitung:***

*Waschen Sie die frischen Holunderbeeren sorgfältig und streifen Sie die Beerchen mit einer Gabel von den Stielen. Dann vierteln Sie die Äpfel (Birnen) und köcheln sie mit den Beeren und der aufgeschlitzten Vanilleschote etwa zehn Minuten im Wasser. Das Ganze wird anschließend durch ein Sieb gestrichen und mit dem Honig samt Zimt abgeschmeckt. Wer will, kann die so entstandene Suppe noch mit Speisestärke binden und weitere fünf Minuten köcheln lassen. Anschließend sollte das Eiweiß zu einem steifen Schnee geschlagen werden, worin Sie den gesiebten Puderzucker einrieseln lassen. Von der entstandenen Masse dann mit einem Teelöffel Klößchen abstechen, die auf die heiße Suppe gegeben werden. Lassen Sie diese Kreation im geschlossenen Topf stocken. Die Holunderbeersuppe kann heiß, aber auch kalt serviert werden.*

# Steinpilz

## Boletus edulis

*Familie: Röhrlinge*

### *Steinpilzkuchen*

***Zutaten:***
*4 große Kartoffeln*
*500 g Steinpilze*
*100 ml Olivenöl*
*Salz, Pfeffer*
*4 Esslöffel Semmelbrösel*
*100 ml Milch*
*3 Esslöffel geriebener Parmesan*
*1 Ei*
*1-2 Knoblauchzehen*
*1 Bund Petersilie*

Im Volksmund auch „Herrenpilz“ oder „Braunkappe“ genannt, ist der Steinpilz ein besonders edler und schmackhafter Speisepilz. Achtung: Röhrlinge sind für Pilzeinsteiger, also Laien, mit Vorsicht zu genießen! Ihre Vielfalt und ihre Ähnlichkeit im Jugendalter können zu Verwechslungen führen.

**Erntezeit:**
Steinpilze wachsen bereits im Juni/Juli, je nach Standort. Bis in den Herbst können Sie den delikaten Pilz finden.

**Standorte:**
Es gibt hierzulande einige Arten, die am selben Standort vorkommen und sehr giftig sind. Besonders kleine Pilze können sehr leicht verwechselt werden. Beim Steinpilz ist die Hut-Haut nicht abzieh-

bar, die Röhren schimmern erst weißlich, später dann grün-gelblich. Der Stiel des Steinpilzes ist dick, massig und bräunlich mit einer feinen Netzzeichnung, die heller ist als der Untergrund. Sein Fleisch verfärbt sich nicht beim Schnitt, bei anderen Pilzen wird es violett oder grünlich.
Der Pilz wird bis 25 Zentimeter hoch, doch häufig leider auch madig. Generell sollten diese großen und madigen Exemplare stehen bleiben, damit sie zur Fortpflanzung ihre Sporen verbreiten können. Der Steinpilz kann bis zu einem Pfund schwer werden und hat ein hellbraunes Äußeres. Ab Juli können Steinpilze in moosig, farnreichen Fichtenbeständen und Tannenwäldern gefunden werden. Eine Verwechslung kann es, vor allem im Jugendstadium, mit dem bitteren Gallenröhrling geben.

## Verwendung:

In unseren Regionen gibt es verschiedene Steinpilzarten, die aber alle essbar sind. Sie sind auch im rohen Zustand durchaus genießbar. Der Steinpilz gilt als bester Speisepilz, er eignet sich als Beilage zu vielen Gerichten, ist hervorragend im Geschmack und ist längere Zeit gut getrocknet, auf Schnüre aufgezogen, haltbar. Nach kurzem Aufkochen in heißem Wasser können Steinpilze auch eine gewisse Zeit eingefroren und je nach Bedarf aufgetaut und in der Küche eingesetzt werden.

## Pflückhinweis:

Auch für die Steinpilz-Suche gilt die Regel, dass die kleinen Exemplare besonders schmackhaft sind. Stets sollten genug Individuen stehen bleiben, um die Art zu erhalten.

***Zubereitung:***

*Die geschälten Kartoffeln werden in Scheiben geschnitten und mit Küchenkrepp oder einem Küchenhandtuch abgetrocknet. Die Steinpilze ebenfalls in Scheiben schneiden. Den Boden einer festen Form mit Öl bestreichen, Kartoffel- und Pilzscheiben in Schichten dazu legen. Mit dem Olivenöl bestreichen, salzen und pfeffern. Die oberste Schicht dieser Füllung sollte auf jeden Fall aus Kartoffeln bestehen. Stellen Sie aus den übrigen Zutaten eine Paste her, die über den Auflauf gegeben wird.*
*Das Ganze ein letztes Mal mit Öl bestreichen und im vorgeheizten Backofen 45 Minuten bei 200 C° backen. Hat die Oberfläche eine haselnussfarbene Kruste, dann ist der Steinpilzkuchen fertig. Bevor Sie ihn servieren, sollte der Auflauf zehn Minuten stehen bleiben.*

# Thymian

## Thymus vulgaris

*Familie: Lippenblüher*

Im Volksmund auch häufig als „Kuddelkraut", „Bienen"- oder „Immenkraut" bezeichnet, gedeiht Thymian in ganz Europa und Asien. Die in Gärten leicht zu kultivierende Pflanze wird auch als Zitronen-, Orangen- und Kümmelthymian angepflanzt.

### Erntezeit:

Der Lippenblüher wird am zweckmäßigsten nach der Blüte ab Juni geerntet. Die jungen Triebe zur Spitze hin sind am zartesten.

### Standorte:

Wir unterscheiden einige Thymianarten, die in der Natur bis in 800 Meter Höhe wild vorkommen. Thymian liebt trockene, sonnige Hänge und ist sehr kalkliebend. Die Pflanze blüht von Mai bis Juli rosarot, wird bis 30 Zentimeter hoch und entfaltet gerade an sonni-

### *„Winzerschnitte" mit Thymian*

***Zutaten:***

*200 g geriebener Käse (45 %, aber kein Parmesan)*
*3 Eier*
*3 Zwiebeln*
*2 Esslöffel Mehl*
*1/4 Teelöffel Thymian*
*1 Teelöffel Birnen- oder Tresterbrand*
*4 Esslöffel halbtrockener Weißwein*
*4 Esslöffel Creme fraiche*
*8 Scheiben eckiges Graubrot*
*Öl nach Belieben*
*Salz, Pfeffer, Muskat*

gen Tagen ihr ganzes Aroma. Der Lippenblüher wird von Mai bis September gesammelt, wobei man die Triebe und das junge Kraut erntet. Der Gartenthymian, wie der Thymus vulgaris auch genannt wird, ist der aromatischste von allen. Er wächst im Gegensatz zu seinen wilden Verwandten strauchartig und ist deutlich größer im Wuchs. Verwildert findet man ihn besonders an Straßen und Bahnböschungen sowie auf Ödland. Thymian lässt sich auch gut in Steingärten einsetzen.

## Verwendung:

In der französischen Küche wird Thymian fast in allen Gerichten verwendet (meist mit anderen Kräutern wie Kerbel, Rosmarin und Basilikum). Als Gewürz eignet sich Thymian bestens zu deftigen Fleischgerichten, aber auch zu Pizza und verschiedenen Pilzvariationen.

Thymian ist seit jeher auch eine alte Heilpflanze, denn die Arznei hilft vor allem gegen Husten und Bronchitis. Der Lippenblüher wirkt krampflösend, antibakteriell und kann auch für Mundspülungen eingesetzt werden. Sogar Badezusätze und Dampfbäder mit Thymian gegen fette Haut sind in der Heilkunde üblich.

## Pflückhinweis:

Thymian lässt sich leicht mit einer Schere ernten. Die Pflanze eignet sich gut zum Trocknen, wobei die Bündel je nach Bedarf portioniert werden können.

***Zubereitung:***

*Die Zwiebeln werden klein gehackt und in etwas Öl in der Pfanne hellbraun angebraten. Mischen Sie den geriebenen Käse mit den Eiern, dem Mehl und den Zwiebeln und würzen Sie ihn kräftig mit Pfeffer und Muskat. Zum Schluss fügen Sie den Trester, etwas Salz und den Thymian hinzu. Das Ganze muss über Nacht kühl stehen bleiben. In die Masse gießt man am nächsten Tag den Weißwein sowie Creme fraiche, dabei sollten Sie darauf achten, dass das Ganze nicht zu flüssig, sondern dicklich und gut streichbar wird. Die Thymian-Käse-Creme kann hervorragend dick auf die Brotscheiben gestrichen werden.*

*Füllen Sie dann eine gut erhitzte Pfanne etwa ein Zentimeter hoch mit siedend heißem Öl. Hierein geben Sie vorsichtig die Brotscheiben – mit der Käseseite zuerst – und braten sie rund eine Minute. Wenn die Thymian-Winzerschnitte goldgelb ist, können Sie sie aus dem Öl nehmen und servieren.*

# Wegwarte

## Cichorium intybus

*Familie: Körbchenblüter*

*„Muckefuck"*

***Zutaten:***

*5 zigarrengroße Wurzelstücke*
*1 l Wasser*

Die Wegwarte ist eine Pflanze, die mehrjährig wächst und, wie ihr Name schon sagt, gerne an Wegrändern steht. Die hellblauen, großen Blüten sind 2,5 bis vier Zentimeter groß und öffnen sich nur bei Sonnenschein, bei Regen bleiben sie geschlossen.

**Erntezeit:**
Vor allem die Wurzel der Wegwarte eignet sich für den menschlichen Verzehr. Sie wird im Spätsommer, also etwa ab August, ausgegraben.

**Standorte:**
In Randbereichen, auf Halden und Ruderalgelände (Ödland) zu finden, wobei die Wegwarte als Trockenzeigerpflanze bezeichnet wird. In Westeuropa ist der Kulturfolger sehr verbreitet, sie fehlt allerdings in der Alpenregion und wird nach Norden hin seltener.

## Blütezeit:

Die Wegwarte blüht von Juli bis September in großen Körbchen. Die Stickstoff liebende Pflanze wird bis zu 1,30 Meter hoch und gedeiht bis in Höhen von 1.000 Meter.

## Verwendung:

In den Kriegs- und Nachkriegszeiten wurden zerkleinerte Wurzeln der Gemeinen Wegwarte in der Pfanne geröstet und als Kaffee-Ersatz aufgebrüht („Muckefuck“). Dazu wäscht man die dicken Wurzeln und zerteilt sie in kleine Stücke. Nachdem diese mehrere Tage getrocknet wurden, röstet man die Stücke in einer ungefetteten Pfanne. Die Wurzeln der Wegwarte halten sich am besten in einem Glas oder in einer Dose. Für die Zubereitung werden die Stückchen in einer Kaffeemühle zerkleinert und je nach Bedarf aufgebrüht. Der Geschmack ist zwar zunächst etwas gewöhnungsbedürftig, aber sehr gesund.

In einigen Regionen wird die Wegwarte auch als Salat genutzt, wobei die verwandte Art „cichorium endiviva“ Verwendung findet, die man als Endiviensalat kultiviert hat. Noch heute ist die Wurzel der Wegwarte in Apotheken als Tee erhältlich. Die Inhaltsstoffe Eisen, Kalzium, Kupfer, Eiweiß, diverse Vitamine, Aminosäuren und Glykoside sowie der Bitterstoff Intybin wirken leber- und magenwirksam, sie sind blutreinigend und blutzuckersenkend.

Die getrocknete Wurzel hilft darüber hinaus als Mittel gegen Appetitlosigkeit sowie bei Gallen- und Leberleiden. Der Bitterstoff Cholin und der Fruchtzucker Inulin wirken besonders effektiv im Tee. Die jungen Knospen, die Blätter und die Keimlinge der Wegwarte sind essbar.

## Pflückhinweis:

Die dicke Wurzel der Wegwarte, die nicht sehr tief sitzt, gräbt man am besten mit einem Spaten aus. Besonders nach Regenfällen lässt sie sich leicht aus dem Erdreich buddeln.

***Zubereitung:***
*Waschen Sie die Wurzelstücke zunächst fein säuberlich und trocknen Sie sie ein paar Tage. Danach schneidet man sie in kleine Stückchen, die in einer ungefetteten Pfanne geröstet werden, bis sie leicht „angebrannt“ riechen.*
*In einer handelsüblichen Kaffeemühle können Sie dann die Wurzelstücke der Wegwarte mahlen, bevor sie mit dem siedenden Wasser übergossen und aufgebrüht werden. Der Geschmack des Gebräus ist zunächst etwas gewöhnungsbedürftig, stärkt aber die Gesundheit.*

# Weißdorn

## Crataegus oxyacantha und monogyna

*Familie: Rosengewächse*

### *Weißdorn-Birnen-Creme*

***Zutaten:***

*180 g Weißdornfrüchte*
*750 g Birnen (in Scheiben geschnitten)*
*50 ml Apfelsaft*
*1 Teelöffel Vanillezucker*
*50 ml Sahne*
*180 g Quark (40 %)*
*5 Esslöffel Honig*

Im Volksmund auch Hagedorn (Hag = Einfriedung) genannt, handelt es sich beim Weißdorn um einen ausdauernden, kleinen Baum oder Strauch mit spitzen Dornen.

**Erntezeit:**

Die Blütezeit liegt in unseren Breiten zwischen Mai und Juni, wobei der bis zu zehn Meter hohe Baum in gelblich-weißen Blüten prahlt. Die Blüten und Blätter können im Frühsommer geerntet werden. Die Früchte sind ab September reif und fast überall häufig an den genannten Standorten anzutreffen.

**Standorte:**

Das Rosengewächs kommt in Höhenlagen bis 1.600 Meter vor, kann bis zu 600 Jahre (!) alt werden und steht meist an Wald- und

Gebüschrändern, auf Öd- und Brachland sowie an Wegrainen, auf Weiden und Heiden. Die Pflanze bevorzugt trockenere Standorte, steht sie einzeln, trägt sie besonders viele Früchte.

## Verwendung:

Weißdorn ist seit dem Mittelalter als Heilpflanze bekannt. Besondere Wirkungen werden ihm bei Herz- und Kreislaufstörungen nachgesagt, er lässt sich gut als Tee oder Extrakt anwenden. Genutzt werden Blüte, Blätter und die rote Frucht, die sich von der Hagebutte durch die rundliche und kleine Form unterscheidet. Zwei Weißdornarten wachsen in Europa wild und haben die gleichen Wirkstoffe. Im Gegensatz dazu stehen die zahlreichen kultivierten Pflanzen, die in Parks und Gärten als Ziergehölze angepflanzt werden. Im Volksglauben und Brauchtum nutzte man die Zweige zur Vertreibung von Hexen, sie wurden über die Stalltür genagelt. Auch als Kreuz aus Weißdornholz, um den Hals getragen, soll der Weißdorn böse Geister abhalten.

## Pflückhinweis:

Die Blüten und Blätter lassen sich gut per Hand bereits im Frühsommer abzupfen. Bei den roten Früchtchen sollten Sie eine Harke oder einen Rechen benutzen, um an die teilweise hoch hängenden Früchte zu kommen.

***Zubereitung:***

*Birnen und Weißdornbeeren zusammen mit dem Apfelsaft in einen Topf geben, dessen Inhalt nach dem Aufkochen noch fünf bis zehn Minuten ziehen sollte. Der Kompott kommt anschließend durch ein Sieb, um die feinen Kerne besser entfernen zu können. Verrühren Sie das Ganze dann mit dem Honig und Vanillezucker und lassen Sie die Creme gut abkühlen. Heben Sie vor dem Servieren noch den Sahnequark und die Schlagsahne darunter, so erhalten Sie eine fein schmeckende Weißdorn-Birnen-Creme.*

# Wiesen-Bocksbart

## Tragopogon pratensis

*Familie: Köpfchenblüher*

Der Wiesen-Bocksbart lebt verbreitet auf sonnigem Halbtrockenrasen in Mitteleuropa.

**Erntezeit:**
Ab Mai ist der Wiesen-Bocksbart bei uns zu finden. Seine Wurzeln sollten erst ab Juli ausgegraben und geerntet werden, denn dann ist die Pflanze ausgewachsen.

## Standorte:

In ganz Europa kommt der Wiesen-Bocksbart bis in 2.000 Meter meist auf Fallwiesen vor, das sind Weiden, die vom Bauer gedüngt werden. Nährstoffreiche Böden wie Schuttplätze, Kalkwiesen und Wegränder sind außerdem beliebte Standorte des Köpfchenblühers. Der Wiesen-Bocksbart blüht von Mai bis in den August auffallend gelb mit großer Blüte, er erinnert an die Blüte des Löwenzahns. Früher kam der Wiesen-Bocksbart sehr häufig vor, heute ist die Pflanze leider sehr selten geworden.
Erkennungsmerkmal sind die bläulichgrünen, schmalen, den Stängel umfassenden Blätter. Die Blattnerven sind deutlich hell abgesetzt zu erkennen.

## Verwendung:

Die milchhaltige, spindelige Pfahlwurzel ist ebenso wie die Blätter essbar. Sie sehen vor der Blüte grasähnlich aus und sind nicht leicht zu finden. Die Samen werden ähnlich dem Löwenzahn (Pusteblume) fortgetragen und sind ungenießbar. Vor allem die Wurzel des Wiesen-Bocksbarts ist in der Küche gut zu verwenden. Nach gründlicher Reinigung sollten Sie die dunkelbraune Wurzel kochen und anschließend die Pelle abziehen. In Scheiben geschnitten und mit Schnittlauch, Bärlauchzwiebel, Salz und Pfeffer verfeinert, schmeckt die Pfahlwurzel als Gemüse sehr delikat.

## Pflückhinweis:

Mit einem Spaten oder einer Harke lassen sich die Wurzeln der Pflanze am schnellsten ausgraben.

# Wiesenkerbel

## Anthriscus sylvestris

*Familie: Doldengewächse*

In Mittel- und Nordeuropa kommt der Wiesenkerbel noch recht häufig vor. Das markante Doldengewächs gedeiht besonders auf Fettwiesen.

**Erntezeit:**
Bereits im Frühsommer (Mai/Juni) lassen sich Blätter und Stängel des Wiesenkerbels ernten.

### Standorte:

Bis in Höhen von 2.500 Meter wächst Wiesenkerbel an Hecken- und Wegrainen sowie an Wiesensäumen. Bevorzugt werden vor allem stickstoffreiche Weiden, die der Bauer regelmäßig mit natürlicher Gülle düngt. Des weiteren wächst Wiesenkerbel gerne auf Ödland und an Heckenrändern. Die mehrjährige, kräftige, bis 1,50 Meter hohe Doldenpflanze ist mit gefiederten Blättern bestükkt. Der dicke Stängel ist gefurcht und unten rau behaart, nach oben hin wird er glatt. Die weißen Doldenköpfchen blühen von April bis in den August hinein, in dieser Zeit färbt der Kerbel manche Wiesen dominant in Weiß.

### Verwendung:

Wiesenkerbel hat essbare Stängel und Blätter und ist durch Vitamin C, Eisen, Magnesium, Karotin und die Glykoside hustenlösend, wasserausscheidend, magen- und leberwirksam. Bei empfindlichen Menschen können der Saft oder die Blätter Hautreizungen verursachen. Teile des Wiesenkerbels, vor allem aber die Blätter, lassen sich gut als Gemüseersatz verwenden. Kerbel wird bei Fischgerichten ähnlich der Petersilie zum Beispiel in die Bauchhöhle eines Fisches gesteckt und verleiht ihm so einen würzigen und delikaten Geschmack. Die blanchierten Stängel lassen sich fast wie Spargel in der Küche einsetzen.

### Pflückhinweis:

Mit einem scharfen Messer lassen sich die Stängel gut schneiden, mit einer Schere können Sie die Blätter ernten und in einem Korb aufbewahren.

**Achtung!**

Für den Laien ist Wiesenkerbel nicht immer leicht zu erkennen, es gibt etliche ähnliche Doldengewächse, die – roh – schwach giftig sind. Wie bei allen Pflanzen ist es hier besonders wichtig, dass man den Wiesenkerbel ganz klar identifizieren und bestimmen kann, ehe man ihn in der Küche verwendet. Die Verwechslung mit extrem giftigen Pflanzen wie etwa dem Wasserschierling ist möglich, also äußerste Vorsicht!

# Wiesen-schaumkraut

## Cardamine pratensis

*Familie: Kreuzblütler*

Im Volksmund auch Weinschaumkraut genannt, gedeiht die Pflanze bis in Höhenlagen von 2.000 Meter.

**Erntezeit:**
Ab Mai sind die saftigen Blättchen und Stängel zu ernten. Dazu schneidet man die ganze Pflanze ab, um sie entsprechend zu nutzen.

**Standorte:**
Der Kreuzblütler ist fast in ganz Europa auf feuchten Wiesen und Weiden zu finden und färbt in der Blütezeit ganze Flächen rosa bis lila. Die hübsche Pflanze wird bis zu einem halben Meter hoch und

blüht von April bis Juni in verschiedenen Farben (weiß, rosa bis lila). Die Blätter sind unpaarig gefiedert, die Grundblätter bilden eine Rosette und sind breiter als die oberen Stängelblätter.

### Verwendung:

Die Blätter des Kreuzblütlers sind essbar, wobei die nicht aufgeblühten, ganz jungen Pflanzen den besten Salat liefern. Die Blättchen, die noch eingerollt sind, schmecken nach Pfeffer und Senf, deshalb kann man sie gut als Würzmittel in Suppen und Eintöpfen einsetzen. Vitamin C, Bitterstoffe und Senfölglykoside wirken als Inhaltsstoffe des Wiesenschaumkrauts blutreinigend.

### Pflückhinweis.

Mit einer kleinen Schere und einem Korb lassen sich die zarten Blättchen und Stängel des Wiesenschaumkrauts leicht ernten.

### Malven-Tee

*Zutaten:*
*1 Hand voll Malvenblüten (oder Blätter)*
*1 l Wasser*

# Wilde Malve

**Malva sylvestris**

*Familie: Malvengewächse*

Im Volksmund auch als „Käsepappel", „Rossappel" und „Käslikraut" bekannt. Diese Namen rühren daher, da ihre Samenform an kleine Käse erinnert.

**Erntezeit:**
Je nachdem, welcher Bestandteil der Pflanze verwendet werden soll, können die Blüten und Blätter ab Ende Mai und die Wurzeln der Malve etwa ab Juli geerntet werden.

**Standorte:**
Ödland, Schuttplätze, Mauern, Komposthaufen, Bahn- und Wegdämme bieten der Wilden Malve ideale Lebensräume. Die Pflanze ist ein Stickstoffanzeiger und wird bis zu 1,50 Meter hoch.

### Blütezeit:
Von Mai bis in den September blüht die Malve meist mit rot, rosa, violett, aber auch schon einmal mit weißer Blüte. Die fünfblättrige Blüte mit ihren dunklen Linien ist im Grün der Landschaft ein echter „Hingucker". Es gibt fünf Wildformen und unzählige Gartenformen, die alle heilende Wirkung besitzen.

### Verwendung:
Die Malve wird schon lange in der Heilkunde eingesetzt, wobei es ihr Schleim ist, der heilende Wirkung auf entzündetes Gewebe ausübt. Die heilenden Substanzen eignen sich auch für gerötete Augen und eine gereizte Mundhöhle. Wegen geringer Gerbstoffe und ätherischer Öle wirkt die Malve entzündungshemmend. Früher nannte der Volksmund die Wilde Malve „die alles Heilende". Besonders oft wird die Pflanze, bzw. ihre Bestandteile, als Malventee verwendet. Seine erfrischende und wohlschmeckende Wirkung ist so bekannt, dass sich auch Malventee im Handel durchgesetzt hat. Praktisch alle Bestandteile lassen sich dazu verwenden: Blätter, Blüten und sogar die Wurzeln.

### Pflückhinweis:
Malvenblüten und Blätter lassen sich leicht abzupfen und in einem Körbchen sammeln. Die Wurzeln sind rasch ausgegraben.

***Zubereitung:***
*Die getrockneten Blüten oder Blätter mit brühendem Wasser übergießen und gut fünf Minuten ziehen lassen. Das Getränk mit einem Löffel Honig süßen und schluckweise trinken. Der abgekühlte Tee kann auch zum Gurgeln oder Baden genutzt werden, vor allem dann, wenn Wunden schlecht heilen.*

# Heckenrose

## Rosa canina

*Familie: Rosengewächse*

### Hagebutten in Cassis

***Zutaten:***
*3.000 g Hagebutten*
*3/4 l Rotwein*
*750 g Zucker*
*1/2 Zimtstange*
*1 Vanilleschote*
*Schale einer unbehandelten Orange u. einer Zitrone*
*1/4 l Crème de Cassis (bei uns besser als Johannisbeerlikör bekannt)*

Die Heckenrose, deren Früchte bei uns als Hagebutte bekannt sind, wird auch als Hundsrose oder Hagrose bezeichnet.

**Erntezeit:**
Ab Oktober können die leuchtend roten Früchte der Heckenrose geerntet werden.

**Standorte:**
Sie kommt häufig an Wegrändern und Gebüschstreifen sowie auf Ödland vor. Die Heiderose, wie sie in manchen Regionen auch genannt wird, gedeiht prächtig auf verwildertem Gelände, wo sie bis in Höhenlagen von 1.300 Meter lebt.

**Blütezeit:**
Die Heckenrose wird bis drei Meter hoch und blüht bereits ab April, wobei die rosafarbenen Blüten durch ihren Duft viele Insekten und im Herbst durch die knackig roten Hagebutten eine Menge Vögel anlocken. Die Verbreitung der Hundsrose erfolgt überwiegend durch unsere gefiederten Freunde, die das Fruchtfleisch verzehren, die unverdaulichen Samenkerne jedoch an anderem Ort wieder ausscheiden.

**Verwendung:**
Wegen ihres hohen Vitamingehaltes können die Früchte der Heckenrose als Saft, Marmelade und als Tee genutzt werden. Wenn das Erntegut für Marmelade verwendet werden soll, empfiehlt es sich, die Kerne im Innern der Frucht zu entfernen. Es gibt übrigens eine Vielzahl von verwandten Wildrosen, allen ist gemeinsam, dass die Früchte essbar sind. Als Inhaltsstoffe sind die Vitamine Provitamin A, B, C, E, PP, K, Pektin, Zucker und Gerbstoff zu erwähnen. Übrigens haben Hagebutten 20-mal mehr Vitamin C als Zitronen.

**Pflückhinweis:**
Wer Hagebutten pflücken will, sollte darauf achten, dass die Früchte reif sind. Spätestens nach den ersten kühlen Nächten im Oktober/November hat der Fruchtkörper die richtige Konsistenz, um geerntet zu werden. Nach dem Frost werden die Hagebutten schnell weich und matschig.

***Zubereitung:***
*Die gewaschenen Hagebutten gründlich trocknen, halbieren und mit einem entsprechenden Messer vorsichtig die Kerne entfernen. Anschließend werden die Hagebutten in einem Topf mit reichlich Wasser drei Minuten sprudelnd aufgekocht. Anschließend abtropfen. Den Rotwein zusammen mit Zucker, Zimt und Vanille langsam erhitzen und zehn Minuten oberhalb des Siedepunktes halten, ohne dass er kocht. Zwischenzeitlich können Sie die Zitronen- und Orangenschale in drei Millimeter breite Streifen schneiden. Die Vanilleschote und die Zimtstange jetzt aus dem Rotwein nehmen und Schalenstreifen und Hagebutten hineingeben. Das Ganze nun bis zu zehn Minuten im Topf erhitzen, aber nicht kochen. Zum Schluss den Likör hinzufügen und unterrühren. Die „Hagebutten in Cassis“ füllen Sie in Gläser, die rasch verschlossen bis zu drei Monate haltbar sind. Sie schmecken als Nachspeisen (Eis) oder püriert mit Schlagsahne als Halbgefrorenes.*

# Krause Glucke

## Sparassis cripa

*Familie: Korallenpilze*

Im Volksmund auch als „Bärentatze“ oder „Judenbart“ bekannt, wächst die Krause Glucke stets am Fuße von Nadelbäumen, bevorzugt an Kiefern.

**Erntezeit:**
Wie die meisten Pilzarten ist ab September mit dem einem Badeschwamm ähnelnden Leckerbissen in unseren Regionen zu rechnen.

**Standorte:**
Meist findet man den etwa fußballgroßen Pilz, der fast an ein menschliches Gehirn erinnert, in alten Kiefernbeständen.

### *Pilzpfanne*

***Zutaten:***
*700 g Krause Glucke oder andere Waldpilze*
*1 mittelgroße Zwiebel*
*6-7 Eier*
*7 Esslöffel Wasser*
*3 Esslöffel Schnittlauch*
*3 Esslöffel Petersilie*
*1 Knoblauchzehe*
*Butter*
*Salz, Pfeffer*

Durch sein creme-rosa- bis karamellfarbenes Aussehen fällt die Krause Glucke jedem Sammler ins Auge. Seine Verbreitung ist vom Vorkommen der Kiefer abhängig und somit in manchen Gegenden häufiger, in manchen Regionen fehlt die Krause Glucke allerdings gänzlich.
Verwechslungsgefahr besteht nur mit der ebenfalls essbaren Eichenglucke (Eichhase), die ähnlich geformt ist.
Das Fruchtfleisch des Pilzes ist knusprig würzig, fest und im Geruch etwas holzig bis nussig.

**Verwendung:**
Der hervorragende Speisepilz passt gut zu allen Fleischgerichten, auch getrocknet hält sich die Krause Glucke bis in den Winter. Weichen Sie den Pilz kurz in Wasser ein, dann schmeckt er wie frisch geerntet.

**Pflückhinweis:**
Die Krause Glucke ist ein fester Pilz, der mit einem scharfen Messer leicht abzuschneiden ist. Gleich im Wald sollte man ihn mit einem Pinsel von Kiefernnadeln, Schmutz und eventuell kleinen Schnecken befreien.

*Zubereitung:*
*Putzen Sie die Pilze sorgfältig und schneiden Sie sie in Stückchen. Zusammen mit der fein gewürfelten Zwiebel in Butter glasig dünsten. Das Ganze nun mit Pfeffer und Salz würzen und je nach Geschmack noch eine Knoblauchzehe hinzufügen. Die Eier werden mit dem Wasser, etwas Salz und Pfeffer verquirlt, Schnittlauch und Petersilie hinzugegeben. Diese Zutaten anschließend mit der Pilzmasse verrühren. Die ganze Masse kommt zum Schluss in heißes Öl, das in der Pfanne erhitzt wurde. Wenn alles goldgelb gebraten ist, sollten Sie das Ganze (wer´s kann) mit etwas Schwung einmal wenden. Anschließend ist die Pilzpfanne servierfertig.*

**Tipp:**
Selbstverständlich nimmt der verantwortungsbewusste Pilzsammler stets nur so viele Pilze in die heimische Küche mit, wie er in absehbarer Zeit verbrauchen kann!

# Pfifferling

## Cantharellus cibarius

*Familie: Leistenpilze*

### *Süßsaure Pfifferlinge*

***Zutaten:***

*1.500 g kleine, feste Pfifferlinge*
*1 l Wasser*
*10 Esslöffel Essigessenz*
*je 1 Esslöffel gelbe und schwarze Senfkörner sowie weiße Pfefferkörner*
*30 g Salz*
*150 g Zucker*
*4 kleine Lorbeerblätter*
*1/8 Liter Sherry*

Eier- oder Gelbschwammerl wird der Pfifferling im Volksmund genannt, in manchen Regionen kennt man ihn auch unter dem Namen „Schweinfüßchen".

**Erntezeit:**
Pfifferlinge sind bei uns ab September zu finden.

**Standorte:**
Der Pfifferling ist wohl der bekannteste Pilz unserer Heimat, der sich in der Küche großer Beliebtheit erfreut. Von Sammlern sehr geschätzt, ist der goldgelbe Pilz ab Mitte Juni in vielen Restaurants auf der Speisekarte zu finden. Meist stammen die angebotenen Pilze aus den neuen Bundesländern oder Osteuropa, da Pfifferlinge bei uns immer seltener werden. Nur wenige wissen, dass es in

unserer Region fünf Unterarten des Pfifferlings gibt, die alle essbar sind. Der bekannteste ist der gelbe Pfifferling, dessen Fleisch sehr schmackhaft, leicht faserig und würzig schmeckt.

**Achtung:**
Verwechslungen kann es eigentlich nur mit dem zwar ungiftigen aber ungenießbaren falschen Pfifferling geben, der besonders in Nadelwäldern vorkommt.

### Verwendung:
Pfifferlinge schmecken würzig als Soßeneinlage, in Omeletts oder auch als Pilzgemüse.

### Pflückhinweis:
Pfifferlinge sind bis in den November hinein zu finden, sowohl in Laub- als auch in Nadelwäldern. Im Frühsommer gedeiht der Pilz vor allem in Süd- und in Hanglagen zu Bachtälern hin. Entscheidend für sein Vorkommen ist das regionale Wetter. Nach Gewitter und Regenperioden bei warmer Witterung schießen die goldgelben Köpfchen an geeigneten Stellen, etwa in Eichenkulturen, förmlich hervor. Pilze sollten stets nur in kleinen Mengen gegessen werden, vor allem sollten Sie nicht alle (alten) Exemplare ernten, damit der Bestand erhalten bleibt. Das Sammeln erfolgt immer in einem luftdurchlässigen Behälter, etwa einem Korb, damit sich das Pilzeiweiß nicht zersetzt und zu Gesundheitsschäden führt. Pfifferlinge eignen sich nicht zum Trocknen oder Einfrieren!

***Zubereitung:***
*Nach dem gründlichen Waschen der Pfifferlinge und dem Abtrocknen mit einem Küchentuch kochen Sie die Pilze und alle übrigen Zutaten bis auf den Sherry zehn Minuten lang im Wasser. Nehmen Sie die Pilze dann mit einem Schaumlöffel heraus und füllen sie in Gläser. Den Sud lassen Sie noch zehn Minuten kochen, ehe er vom Herd genommen und mit dem Sherry über die Pfifferlinge gegossen wird. Die Gläser danach rasch schließen und kühl und dunkel aufbewahren. Die süßsauren Pfifferlinge eignen sich in den nächsten vier Wochen (Haltbarkeit) hervorragend als Vorspeise zu einem Glas trockenem Sherry oder als Beilage zu Wildgerichten oder Fleischkreationen allgemein.*

# Quitte

## Cydonia ablonga

*Familie: Rosengewächse*

Ursprünglich im Kaukasusgebiet beheimatet, verbreitete sich die Quitte von dort aus über fast ganz Europa bis in Höhenlagen von 1.200 Meter. Der Wärme liebende Baum oder Strauch kann bis fünf Meter hoch werden. Quitten wachsen gerne in Parks, Gärten und Weinbergen, wo sie meist von Menschen angepflanzt wurden.

### Erntezeit:

Quitten erntet man – je nach Standort – ab September/Oktober, wenn die Früchte gelb sind.

### Standorte:

Im Mai bis Juni strahlen die Bäume mit ihren großen, rosaweißen Blüten. Der Baum ähnelt schon rein äußerlich dem Apfelbaum, auch die Blätter weisen Gemeinsamkeiten auf. Es gibt birnen- und apfelförmige Früchte, die in leuchtendem Gelb vom Baum locken. Verwilderte Exemplare sind recht selten zu finden, wenn überhaupt, dann stehen sie häufig an Bahn- und Straßenrändern.

### Verwendung:

Die dicken, harten Früchte reifen ab Oktober, sie sind resistent gegen die ersten Nachtfröste und lassen sich in der Küche gekocht, seltener gerieben oder roh, verwenden. Seit dem Altertum ist die Quitte als Heil- und Glückspflanze bekannt. Sie ist das Symbol für Fruchtbarkeit. Das Rosengewächs enthält viel Vitamin C, Zucker, Pektine, ätherische Öle, Gerbstoffe und Schleimstoffe. Als Tee zubereitet, hilft die Quitte gegen Husten und Magenschmerzen. Da sie sehr eisenreich ist, unterstützt die Quitte die Blutbildung. Aus zerstoßenem Samen können Sie einen Schleim gegen Gelenkentzündungen herstellen. Aus frischen Quitten lässt sich hervorragend Marmelade, Kompott, Gelee, Sirup und Destillat produzieren. Dazu muss sie jedoch gekocht werden.

### Pflückhinweis:

Die Früchte der Quitte können sehr gut mit einem Apfelpflücker vom Baum geholt werden. Die Früchte sind recht stoß-unempfindlich, da sie von harter Konsistenz sind.

### *Quitten-Konfitüre*

***Zutaten:***

*1.000 g Quitten*
*1/4 l Wasser*
*süßer Weißwein nach Belieben*
*1 Zitrone*
*1000 g Rohrzucker*
*20-30 g Galgantpulver*

***Zubereitung:***

*Die Quitten werden gewaschen, mit einem Tuch abgerieben, geviertelt und klein geschnitten. Unter Zugabe des Wassers, des Weines und des Zitronensaftes kochen Sie das Ganze auf. Anschließend muss der Rohrzucker und das Galgantpulver hinzugefügt werden - bis zur Gelierprobe. Die Konfitüre sollte in Twist-off-Gläser gefüllt werden und hält sich gut verschlossen problemlos mehrere Monate.*

# Roter Weinbergspfirsich

**Prunus persica**

*Familie: Rosengewächse*

*„Wingertspeeche"-Parfait*

***Zutaten:***

*8 Eier*
*150 g pürierte Weinbergspfirsiche*
*4 cl Weinbergspfirsichlikör*
*75 g Zucker*
*600 g Sahne*

Der Weinbergspfirsich stammt aus dem mittleren China, dort heißt er „Sing". 128 v. Chr. kam der Pfirsichbaum über Vorderasien nach Persien (daher auch sein botanischer Name). Die Römer brachten ihn nach Italien und Frankreich und letztendlich auch nach Deutschland. Im 16./17. Jahrhundert wurde der rote Pfirsich in den Weinanbaugebieten auf Grund des guten Klimas überall angepflanzt. Aus Sämlingen gezogen, garantieren die Bäumchen jedoch nicht immer rotes Fruchtfleisch. Hieronymus Bosch erwähnte schon im Mittelalter die Sorten als „gemein weiß, ganz gäl und blutrot".

**Erntezeit:**
Die Früchte sind reif, wenn die ersten Exemplare unter dem Baum liegen. Das ist meistens im späten September.

**Standorte:**
Durch Veredeln werden heute sortenreine Arten gezogen und teilweise im großen Stil angebaut. Die Pflanze ist selbstfruchtbar, in der Botanik nennt man dies auch Zwitter. Die Frucht ist im Inneren dunkelrot und aromatisch, außen wird sie von einer mausgrauen, pelzigen Haut umgeben. Der Weinbergspfirsich ist eine wärmebedürftige Obstart und gedeiht nur dort, wo Weinbauklima herrscht. Die frühe Blüte im März macht Wingertspfirsiche anfällig für den Spätfrost. Die Blüten der Bäume färben im Frühjahr ganze Hänge in ein wunderschönes Rosa-Rot.
Der rote Weinbergspfirsich liebt Böden mit hohem Nährstoffgehalt, sie bieten die idealen Standorte. Tiefgründige Böden und genügend Feuchtigkeit sind Voraussetzungen für eine optimale Fruchtentwicklung. Der kleine Baum wird höchstens vier Meter hoch und wächst, meistens vom Menschen kultiviert, in Weinbergen und Gärten.
Die Art ist empfindlich gegen Krankheiten wie Mehltau, Kräuselkrankheit, Schorf und Fruchtfäule und muss deshalb von Menschenhand gepflegt und auch gespritzt werden.

**Verwendung:**
Für die Küche bietet der rote Weinbergspfirsich eine Fülle von Einsatzmöglichkeiten. Als Delikatessen sind zu nennen: Likör/Destillat, Marmelade und eingelegte Früchte oder als „Schmer".
Nach der Ernte sollte man die Pfirsiche ein bis zwei Tage liegen lassen, dann entfalten sie erst so richtig ihr Aroma. Das Fruchtfleisch von den Kernen zu befreien, ist eine mühselige Arbeit, denn die Pfirsiche sind recht klein. Der Geschmack entschädigt allerdings für die vollbrachte Arbeit.

**Pflückhinweis:**
Wingertspfirsiche sollten vorsichtig geerntet werden, da sie leicht zermatschen. Handschuhe schützen vor der Rotfärbung der leckeren Früchtchen. Am besten bewahren Sie die Früchte im Korb auf. Die pelzige Haut lässt sich gut abziehen, wenn die Frucht kurz mit heißem Wasser überbrüht wird.

***Zubereitung:***
*Geben Sie die acht Eigelbe zusammen mit dem Zucker in eine Schüssel und schlagen Sie das Ganze im Wasserbad auf. Anschließend nehmen Sie alles vom Herd und schlagen weiter. Unter den pürierten „Wingertspeeche" mischt man den Likör und hebt anschließend die steif geschlagene Sahne darunter.*
*Die Parfaitmasse wird zum Schluss in eine vorgekühlte, mit Fettpapier ausgelegte Form gefüllt und tief gefroren. Zum Servieren „stürzen" Sie das Parfait und garnieren es mit frischer Schlagsahne und frischen Früchten.*

# Rotbuche

## Fagus sylvatica

*Familie: Laubbäume*

Die „Mutter des Waldes" wird die Buche bei uns auch genannt. Der sommergrüne, bis 30 Meter hohe Baum kann bis 300 Jahre alt werden und wächst bis in Höhenlagen von 1.600 Meter. Im Bestand langschäftig bilden die Buchen starke Äste aus, die fast bis zum Boden reichen. Die Blätter sind zehn bis 15 Millimeter lang gestielt und bis zu sieben Zentimeter breit. Die Blüte der Buche ist unscheinbar, in eingeschlechtigen Ständen. Die männliche Blüte ist vielblütig, die weibliche Blüte zweiblütig.

**Erntezeit:**
Im September und Oktober können Sie Bucheckern ernten, wobei Sie nur dort suchen müssen, wo stattliche Bäume stehen, denn Rotbuchen tragen beispielsweise erst nach 60 Jahren.

### *Birnenkuchen mit Bucheckern*

***Zutaten:***

*Für den Mürbekuchen:*
*50 g Zucker*
*50 g Puderzucker*
*200 g Butter*
*200 g Weizenmehl*
*8 Birnen*
*1 Eigelb*
*Salz*

*Für den Bucheckern-Biskuit:*
*3 Eier*
*2 Eigelb*
*125 g Zucker*
*75 g geschälte und gehackte Bucheckern*

## Standorte:

Buchen wachsen in ganz Europa gerne auf lockeren, mittelgründigen, gut drainierten Lehmböden. Sie sind die wichtigsten Waldbäume in Mitteleuropa und bilden in den Mittelgebirgen große Reinbestände. Buchen meiden große Temperaturgegensätze und Trockenperioden. Sie brauchen mildes, feuchtes Klima, wobei die Niederschläge nicht unter 500 Millimeter/Jahr sinken sollten. Die Blüten werden vom Wind bestäubt, die Früchte von Vögeln und anderen Waldtieren verbreitet.

## Verwendung:

Ihre glatte, graue Rinde diente früher der Herstellung von so genannten „Runenstäbchen", in welche die Runen eingeritzt wurden. Das Wort „Buchstabe" geht auf diese alte Nutzung zurück. Die Früchte, die Bucheckern, sind ölhaltig und bei Mensch und Tier beliebt. Junge Blätter und die bis zu zwei Zentimeter langen Bucheckern lassen sich gut nutzen. Der leckere Kern ist gleich zweifach verpackt, denn außen ist die Buchecker von einer struppigen Kapsel umgeben, die eine dreieckige braune Schale freigibt, in der sich die eigentliche „Nuss" befindet. Mit etwas Übung ist das Freilegen des Kerns leicht, wer größere Mengen von Bucheckern nutzen will, sollte die Früchtchen auf einem Sieb über offenem Feuer erhitzen. Dann platzen die Schalen wie von selbst.
Röstet man die Bucheckern, werden die schädlichen Substanzen abgebaut. Es empfiehlt sich also, die Bucheckern vor dem Verzehr leicht zu bräunen, zumal sie dann ihr Aroma viel besser entfalten. Zu Eis, Pudding oder als Appetizer schmecken geröstete Bucheckern köstlich! Früher nutzte man die Bucheckern auch als Kaffee-Ersatz und mit braunem Zucker karamellisiert als willkommene Süßigkeit für die Kinder.

**Vorsicht!**
Die rohen Nüsse enthalten Alkaloide und Fagin, die bei empfindlichen Menschen zu Unverträglichkeiten wie Kopf- und Magenschmerzen führen können! Bis zu 50 rohe Kerne sind genießbar, danach kann es zu Vergiftungserscheinungen kommen.

## Pflückhinweis:

Bucheckern werden per Hand aufgesammelt. Nach stürmischen Nächten ist die Ausbeute besonders hoch.

*100 g Mehl*
*100 g Butter*
*Puderzucker*

***Zubereitung:***
*Für den Mürbeteig werden Zucker, Puderzucker, das Mehl und die Butterstückchen mit den Händen zu feinen Streuseln verrieben. Das Ganze wird anschließend mit einer Prise Salz abgeschmeckt und mit dem Eigelb verknetet. Wenn erforderlich, geben Sie einen Teelöffel Milch dazu. Den entstandenen Teig formen Sie zu einer Kugel und stellen ihn 30 Minuten kalt, decken Sie ihn vorher aber zu. Dann rollt man den Teig auf wenig Mehl in einer mit Backpapier ausgelegten Springform aus. Die Birnen werden danach geschält, geachtelt, entkernt und kreisförmig auf den Mürbeteig gelegt.*
*Für den Bucheckern-Biskuit Zucker, Eier und das Eigelb im Wasserbad schaumig schlagen. Die gehackten Bucheckern, das gesiebte Mehl und die zerlassene Butter unter den Eischaum heben und über die Birnen verteilen. Im vorgeheizten Backofen bei 160 °C rund 40 Minuten backen. Zum Schluss den duftenden Kuchen mit Puderzucker bestäuben und noch warm servieren.*

# Schlangen-Knöterich

## Polygonum bistorta

*Familie: Knöterichgewächse*

Der Schlangen-Knöterich erinnert in seiner rosa Färbung beim schnellen Hinsehen fast an das allgegenwärtige Weidenröschen. Obwohl er in Skandinavien nicht vorkommt, liebt das Knöterichgewächs Auenwälder und Uferbereiche als Habitat.

### Erntezeit:

Die jungen Triebe und Blätter des Schlangen-Knöterichs können während der gesamten Wachstumszeit geerntet werden; die Wurzeln erst im Spätherbst.

### Standorte:

In Mitteleuropa sehr verbreitet, lebt der Schlangen-Knöterich bis in Höhenlagen von 1.800 Meter. Die Pflanze gedeiht auf feuchten Wiesen, besonders in Gebirgslagen. Die Staude blüht von Juli bis Oktober und erreicht eine Höhe von bis zu 1,20 Meter. Charakteristisch ist die rötlich bis weiße Blüte, die in so genannten Scheinähren fast kahl in Stauden steht. Allen Knöterich-Gewächsen ist der pfeffrige Geschmack der jungen Triebe, Blätter und Stängel zu Eigen.

### Verwendung:

In vielen Ländern wurde die mehrjährige Pflanze in der Heilkunde als Mittel gegen Pest und Ruhr verwendet. Die Inhaltsstoffe Kieselsäure, Gerbstoffe sowie der hohe Vitamin-C-Gehalt machen den Knöterich zu einem wertvollen Heilmittel, das bei Durchfall und Blutungen eingesetzt werden kann.

### Pflückhinweis:

Die Blätter und jungen Triebe lassen sich leicht abpflücken oder mit einer Schere ernten.

### *Gurgellösung aus Schlangen-Knöterich*

***Zutaten:***

*2 Teelöffel getrocknete Wurzeln*
*$^{1}/_{4}$ Liter lauwarmes Wasser*

***Zubereitung:***

*Sehr gut bewährt hat sich Knöterich auch zum Gurgeln bei Munderkrankungen. Dazu setzt man einen Sud aus zwei Teelöffeln getrockneter Wurzel und einem Viertel Liter lauwarmen Wassers an, der fünf Stunden ziehen muss. Er wird abgeseiht und kalt eingenommen. Bei Bedarf kann die Gurgellösung auch öfter angewendet werden.*
*Gegen Durchfall hilft eine Messerspitze der zermahlenen Wurzel, die je nach Bedarf eingenommen werden kann.*

# Schlehe

**Prunus spinosa**

*Familie: Rosengewächse*

*„Schlehenfeuer“*

***Zutaten:***
*600 g reife, gefrorene Schlehen*
*1 l Rotwein*
*1 l Weizenkorn oder Wodka*
*350 g Zucker*
*einige Gewürznelken*
*1 Stück Zitrone*
*1 Päckchen Vanillezucker*
*etwas Sternanis*
*4 Esslöffel Rum*

Die Schlehe wird auch umgangssprachlich Schwarzdorn genannt. Die Pflanze ist ein resistenter Strauch, der bevorzugt an sonnigen Plätzen gedeiht.

**Erntezeit:**
Schlehenfrüchte verlieren nach dem ersten Nachtfrost im Herbst den herben, sauren Geschmack und werden daher erst dann geerntet.

**Standorte:**
Schlehen wachsen besonders gut an Waldsäumen, Wegen, Gebüschrändern, auf Öd- und Brachland sowie in Feldgehölzen. Sie sind kalkliebend und in ganz Europa bis in Höhenlagen von 1.000 Meter verbreitet.

## Besonderheit:

Die Blütenköpfchen der Schlehe zeigen sich schon im März, bevor die Blätter austreiben, in zartem Weiß bis Cremeweiß. Die sehr eng stehenden Blüten lassen den Strauch wie eine weiße Wolke aussehen. Das Rosengewächs wird über vier Meter hoch und ist mit Dornen ausgestattet, die es als Vogelschutzgehölz besonders wertvoll machen. Vor allem Imker schätzen Schlehen im Frühjahr als Bienenweide. Hat die Schlehe einmal auf Brachflächen Fuß gefasst, ist ihr auf Grund der weit verzweigten Wurzeln nur noch schwer beizukommen.

## Verwendung:

Schlehen sind ein ursprüngliches Obstgehölz, das schon die Perser zur Züchtung des Pflaumenbaumes einsetzten. Im Mittelalter nutzten die Menschen die Blüten als Tee und die blau-schwarzen Steinfrüchte als Saft. Vorsicht! Die Kerne beinhalten Blausäure, die dem Schlehenlikör zum Beispiel das bittermandelartige Aroma verleihen. Die Früchtchen sind nicht für den Verzehr in größeren Mengen geeignet, denn roh verursachen sie Magen- und Darmbeschwerden! Dennoch schätzte Hildegard von Bingen in der Heilkunde im Jahre 1150 die Schlehen als Arzneimittel. Sowohl die grünen Dornen als auch die reifen Früchte sollen wegen „ihrer zusammenziehenden Natur und stopffenden Krafft und Wuerckung“ gegen Gicht und Durchfall helfen.
Die kleinen blauen Beeren mit dem hohen Vitamin-C-Gehalt lassen sich gut mit anderen Früchten wie Holunder, Pflaumen, Äpfel und Birnen kombinieren. Die Früchte der Schlehe eignen sich auch bestens zum Trocknen, wobei sie als Zutat zu Soßen und Wildtees und sogar als saure Snacks zu verwenden sind.

## Pflückhinweis:

Die reifen Schlehen lassen sich am besten mit Handschuhen ernten, denn die Zweige des Rosengewächses haben massive Dornen.
Mit einem Spazierstock oder einem Rechen können Sie die Ästchen samt Beeren gut herunterziehen und anschließend abpflücken.

***Zubereitung:***

*Nachdem Sie die Schlehen gut gewaschen und abgetrocknet haben, zerstoßen Sie einige Früchte in einem geeigneten Mörser, damit das Bitteraroma der Kerne zur Geltung kommt. Alle anderen Schlehen sollten mit einer Nadel oder Ähnlichem angestochen werden, damit der Fruchtgeschmack besser in den entstehenden Likör ziehen kann. Bedecken Sie die Masse mit Wasser, kochen Sie das Ganze kurz auf und lassen Sie es dann abkühlen. Nach Zugabe des Rotweins sollte die Flüssigkeit rund eine Woche an einem kühlen und dunklen Ort ziehen. Anschließend passieren Sie die Brühe durch ein Sieb und kochen das Ganze mit den Gewürzen auf. Schließlich gibt man den Zucker und Vanillezucker hinzu und lässt den Sud weitere fünf Minuten köcheln. Nach dem Abkühlen kommt der Weizenkorn hinzu. Nun können Sie das „Schlehenfeuer“ nach Belieben in Flaschen abfüllen.*

# Speierling

**Sobus domestica**

*Familie: Rosengewächse*

*Speierlingkompott mit „Schuss“*

*Zutaten:*
*1 k weiche Früchte des Speierlings*
*2 Esslöffel Butter*
*2 Esslöffel Rohrzucker oder Birnenkonzentrat*
*0,75 l Weißwein*

Der Speierling ist ein Laubbaum, der nicht mehr sehr häufig anzutreffen war. Seit einigen Jahren wird er aber, dank dem Engagement von Baumschulen und Förstern, wieder verstärkt angepflanzt.

**Erntezeit:**
Die Früchte werden – je nach Standort – ab Mitte September geerntet.

**Standorte:**
Der sommergrüne Laubbaum stammt eigentlich aus dem Mittelmeergebiet und erreicht normalerweise eine Höhe von 15 bis 25 Meter. Sein Holz ist das schwerste aller europäischen Laubholzarten und erzielt Traumpreise von bis zu 4000,- Euro pro Festmeter (dazu im Vergleich: eine Eiche erreicht nur 350 Euro).

In Deutschland wurde der Speierling seit dem Mittelalter angepflanzt und als Zusatz für Apfelwein und leckere Konfitüre genutzt. Der „Spierapfel" oder „Sperberbaum", wie der Speierling auch noch genannt wird, wächst wild vor allem in den wärmebegünstigten Weinanbaugebieten. Für den Laien ist das Rosengewächs durch die großen Früchte und die dem Birnbaum ähnelnde Rinde von der Eberesche zu unterscheiden.
Die elfenbeinfarbenen Blüten sind recht groß und blühen im Mai/Juni. Die Blätter sind unpaarig gefiedert und schwach behaart. Frei stehende Bäume werden einige hundert Jahre alt und ähneln Birnbäumen. Die reifen Früchte haben die Form kleiner Birnen, sind zuerst grün und werden im Erntezustand (Anfang bis Mitte September) braun bis rot (Früchte drei bis vier Zentimeter).

*Zubereitung:*
*Nach dem Schälen der Speierlingfrüchte passieren Sie das Ganze durch ein Sieb („Flotte Lotte"). Anschließend geben Sie unter die Fruchtmasse etwas zerlassene Butter und kochen das Kompott nach dem Zuckern kurz auf. Zum Schluss schütten Sie den Weißwein hinzu und köcheln die Masse bei mittlerer Hitze ein.*

## Verwendung:

Im reifen Zustand roh essbar, werden die Früchte des Speierlings dem Apfelmost zugesetzt, was der Geschmacks- und Säureverbesserung dient. Als „Baum des Jahres 1993" erlebt der Speierling in manchen Regionen eine Renaissance. Besonders im Moselraum, zum Beispiel um den Weinort Bruttig-Fankel, sind mittlerweile größere Speierling-Bestände vorhanden, deren Früchte für Brand und leckere Marmelade verwendet werden. Zusammen mit der Elsbeere, Wildobst und Kirsche bietet der Speierling auch für Wildtiere einen reich gedeckten Tisch. Seit Mitte der 90er Jahre sind in Deutschland mehr als eine halbe Million junger Bäume gepflanzt worden, die durch die aktive Nachzucht im Wald, in Parks und in der Landschaft dem „Spierapfel" eine Chance geben.

## Pflückhinweis:

Die braun-roten Früchtchen werden mit der Hand oder durch Schütteln der Bäume (breiten Sie eine Decke darunter aus!) geerntet. Mit einem Korb lassen sich die kleinen Früchte am besten transportieren.

# Vogelbeere

**Sorbus aucuparia**

*Familie: Rosengewächse*

### *Vogelbeer-Gelee*

***Zutaten:***
*1.000 g Vogelbeeren*
*1.000 g Zucker*

Die Vogelbeere oder Eberesche ist eine Pflanze, die in der Blütezeit an Flieder erinnert. Die weißen Dolden sind weiß bis cremefarben, „duften" jedoch unangenehm.

**Erntezeit:**
Die kleinen roten Früchtchen sind nach dem ersten Frost genießbar.

**Standorte:**
Die Vogelbeere ist ein in Mitteleuropa verbreitet vorkommender Baum, der ebenso gerne in Wäldern und Gebüschstreifen steht wie an Straßen und in Feldgehölzen bis 2.400 Meter Höhe. Als Alleebaum beliebt, finden sich Vogelbeeren gerne auch in Parks und künstlich angelegten Buschstreifen. Die Eberesche blüht von Mai bis Juni, wobei der Baum bis zu fünf Meter hoch werden kann.

Oft mehrstämmig, sind seine Blätter unpaarig gefiedert und an den Rändern gezackt. Die weiß- bis cremefarbigen Blüten wachsen schirmförmig in Dolden, die unangenehm riechen. Die Früchte der Vogelbeere werden gerne von Vögeln gefressen und sind ab Ende September reif. Die apfelähnlichen Früchtchen sind anfangs gelb, später werden sie rot und bleiben bis in den Winter am Baum.

***Zubereitung:***

*Um Gelee herzustellen, werden Vogelbeeren etwa zehn Minuten mit ausreichend Wasser weich gekocht und anschließend durch ein feines Gazetuch geschlagen, damit die Kerne und Schalen darin hängen bleiben.*
*Der sehr bittere Saft wird danach mit gleichen Teilen Zucker aufgefüllt und eingekocht. Es entsteht eine Flüssigkeit, die oben klar und unten dunkler gefärbt ist. Wenn Sie die helle Substanz 24 Stunden stehen lassen, bildet sich nach dem Abkühlen klarer Gelee.*

## Verwendung:

Die Früchte der Vogelbeere lassen sich hervorragend als Kompott, Wein, Likör oder auch als Essig in der Küche verwenden. Wichtig ist, dass der erste Frost über die kleinen Beeren gegangen sein sollte. Egal wie die Früchte eingesetzt werden, die Samen (Kerne) müssen vor der Verwendung ausgesondert werden, da sie hauptsächlich Parasorbinsäure enthalten, die nicht unbedenklich für den Menschen ist. Durch Erhitzen und Kochen kann man diese Säure ebenfalls unschädlich machen.
Vogelbeeren sind gut gegen Skorbut und Wassersucht, allerdings ist ihr herber bis bitterer Geschmack nicht jedermanns Sache. Sie enthalten Pektin, Sorbin- und Apfelsäure, Zucker, Provitamin A und viel Vitamin C. Als Rohstoff dient die Eberesche zur Herstellung von Sorbit, das vor allem Diabetikern als Zuckerersatz dient.

## Pflückhinweis:

Mit einem Spazierstock oder einer Harke lassen sich die Äste der Vogelbeere leicht herunterziehen. Das Abpflücken der roten Früchtchen geschieht am besten mit der Hand.

# Wacholder

**Juniperus Communis**

*Familie: Zypressengewächse*

### *Küchentipps*

*Wacholderbeeren lassen sich hervorragend zum Würzen von Wild- und Fischgerichten einsetzen. Auf Grund der ätherischen Öle werden die Beeren außerdem bei der Gin-, Genever- und Steinhäger-Produktion verwendet. Sie verleihen dem Schnaps seinen charakteristischen Geschmack.*

Der Wacholder wird im Volksmund auch „Reckholder", „Kranewitt" oder „Krammetsbeere" genannt.

## Erntezeit:

Wacholder können Sie im Herbst ernten.

## Standorte:

Das Zypressengewächs ist ein typischer Strauch oder kleiner Baum in der Heidelandschaft, der durch Schafbeweidung gefördert wird, da die Tiere die stechenden Nadeln verschmähen.
Wacholder gedeiht an felsigen Hängen, lichten Kiefern- und Eichenwäldern, auf trockenen Standorten und bevorzugt auf Kalk. In Nord-Eurasien kommt er bis in Höhen von 2.300 Meter vor. Im Süden (Mittelmeerraum) wächst er recht hoch und säulenartig wie

Zypressen auf Magerweiden. Die kleinen Blüten sind unscheinbar gelblich, die Beeren reifen meist erst im dritten Jahr heran (dann sind sie blau-schwarz, vorher grünlich).

### Verwendung:

Als Heil- und Gewürzpflanze schon bei den Ägyptern bekannt, wurde Wacholder im Mittelalter sehr vielseitig eingesetzt. Unter anderem nutzte man Beeren und Zweige zum Ausräuchern und Desinfizieren der Krankenzimmer. Die Blätter des immergrünen Strauches sind blaugrün. Ätherische Öle, Harze, Zucker und organische Säuren machen Wacholder nur bedingt, nämlich zum Würzen, für den Menschen interessant. Die Beeren lassen sich leicht trocknen und eignen sich als Zugabe für Wildgerichte. Bei der Landbevölkerung noch immer zum Räuchern von Speck und Schinken verwendet, gibt Wacholder den entscheidenden Geschmack. Zum Würzen von Fleisch und Likören ist er sehr gut geeignet. Als Wacholderschnaps ist das Zypressengewächs eine Wohltat für die Verdauung. Als Wacholderöl eignet sich die Pflanze zum Einreiben bei Rheuma und Muskelkater.

### Pflückhinweis:

Da auch Wacholder Dornen haben, sollten Sie die kleinen Beeren nur mit Handschuhe ernten.

Im Volksglauben und Brauchtum sind viele geheimnisvolle Riten um den Wacholder entstanden – das starke Aroma galt als Gegenmittel gegen Teufel und Hexen. Viehställe wurden mit ihm verräuchert, um Böses abzuhalten.

Heutzutage müssen Wacholderheiden mit Schafen und Ziegen „offen“ gehalten werden, um den immer seltener werdenden Strauch zu schützen. Die Tiere übernehmen die Pflegefunktion, indem sie Gras und „Unkräuter“ um den Wacholder kurz halten.

*Apfeltorte mit Walnüssen*

*Zutaten:*
*100 Walnusshälften*
*750 g Äpfel*
*250 g Butter*
*250 g Weizenmehl*
*250 g Zucker*
*1 Päckchen Vanillezucker*
*4 Eier*
*2 Esslöffel Backpulver*

# Walnuss

**Juglaus regia**

*Familie: Walnussgewächse*

Die Walnuss stammt ursprünglich vom Balkan und aus Asien, wurde allerdings schon früh in Europa als Allee-, Garten-, Park- und Zierbaum eingeführt. Die beliebte Baumart bildet breite Kronen.

**Erntezeit:**
Walnüsse sind eine typische Herbstfrucht. Sobald die dicken Schalen aufplatzen und der Federweiße reif ist (Oktober), werden die Nüsse geerntet.

**Standorte:**
Die Walnuss bevorzugt warme Lagen mit tiefgründigen, nährstoffreichen Lehm- und Auenböden, sie kommt zunehmend verwildert in Feldgehölzen, an Waldrändern und auf Ödland vor. Eichelhäher, Krähen und Eichhörnchen verschleppen und vergraben die Nüsse

gerne im Herbst für den Wintervorrat. Da sie in der Notzeit nicht alle Früchte wiederfinden, wächst im Frühjahr aus mancher Walnuss ein junger Schössling heran. Der Baum wird rund 30 Meter hoch und kann bis zu 600 Jahre (!) alt werden. Das schnellwüchsige Holz zählt zu den wertvollsten Möbelhölzern, der Stamm wird im Durchmesser über einen Meter breit. Die Rinde (Borke) ist meist grau und rissig. Die Blätter sind gefiedert und mit viel Bitter- und Gerbstoffen versehen. Deshalb „freut" sich jeder Garten- und Rasenfreund im Herbst, denn die Blätter liefern jede Menge Arbeit: Sie sind schwer, zahlreich und eignen sich nicht zum Kompostieren! Im Mai blüht der Walnussbaum in dickwalzigen Kätzchen. Da er frostempfindlich ist, wächst die Walnuss am besten in wilden Lagen.

### Verwendung:

Die Steinfrüchte sind ab Ende August reif. Im Nusskern ist viel Fett enthalten, deshalb sind die Nüsse auch in Bäckereien und in der Gastronomie sehr gefragt und immer beliebt. Wenn sie jung sind, sollte man die bittere Haut über dem Fruchtfleisch abziehen.

**Vorsicht!**
Die Gerbstoffe der Schale färben die Hände braun bis schwarz, also Handschuhe anziehen!

Walnüsse lassen sich eine gewisse Zeit lagern, dazu müssen sie trocken und luftig stehen, weil sie sonst gerne schimmeln. Breiten Sie die Früchte am besten auf einer Zeitung aus und drehen Sie sie hin und wieder um. Wenn Sie möchten, können Sie die Nüsse auch schwefeln, dann bleiben sie noch länger haltbar.

### Pflückhinweis:

Walnüsse werden im Herbst von den Bäumen geschüttelt oder aber mit Stangen abgeschlagen. Handschuhe halten die Finger sauber. Die nassen Nüsse sollten luftig gelagert werden, damit sie rasch trocknen, ehe sie schimmeln.

***Zubereitung:***

*Rühren Sie die Butter, den Zucker und den Vanillezucker zusammen mit den Eiern schaumig und vermischen Sie das Ganze mit dem Mehl und dem Backpulver. Den gut gerührten Teig geben Sie anschließend in eine gefettete Springform (26er Durchmesser) und streuen die Walnüsse über den Teig. Zum Schluss werden die geschälten und geviertelten Apfelstücke auf den Teig gelegt. Mit einem Heißluftherd dauert das Abbacken bei 180 °C etwa 45 Minuten auf der mittleren Schiene, beim normalen E-Herd sollten Sie entsprechend verfahren. Bestäuben Sie vor dem Servieren den Apfelkuchen mit Puderzucker.*

*Griechische Champignons*

*Zutaten:*
*750 g kleine, feste Wiesenchampignons*
*3 Knoblauchzehen*
*2 frische Dilldolden*
*2 Lorbeerblätter*
*1/4 l Weißwein*
*1/8 l Weinessig*
*1/8 l Wasser*
*abgeriebene Schale einer halben Zitrone*
*1 Teelöffel Salz*
*6 Esslöffel Olivenöl*

*Zubereitung:*
*Die Champignons am besten noch auf der Wiese putzen.*



# Wiesenchampignon

## Agaricus campester

*Familie: Champignon*

Landläufig als Feldegerling oder Angerling bezeichnet, unterscheidet der Fachmann in unseren Breitengraden fünf wild vorkommende Champignonarten. Allen ist gemein, dass sie eine rosafarbene Hut-Unterseite besitzen. Leider gibt es bei dieser Pilzart einen giftigen Vertreter, der im Volksmund als „Giftegerling" bezeichnet wird. Er sieht äußerlich aus wie der Wiesenchampignon, riecht jedoch schon beim Anfassen „nach Krankenhaus".

**Erntezeit:**
Ende August/Anfang September zeigen sich bei uns die ersten

Wiesenchampignons. Bei nassem Wetter und nicht zu kühlen Nächten gedeihen die runden Leckerbissen bis in den späten Herbst.

### Standorte:

Der Karbolegerling steht bevorzugt auf Wiesen und ist leicht giftig. Da er außerdem gerne auf Weiden und in Parkanlagen gedeiht, ist also Vorsicht angebracht. Ab Frühherbst wachsen Wiesenchampignons in größeren Beständen auf Pferdekoppeln und Viehweiden, wo sie dann „geerntet" werden können, wenn sie nicht madig sind.
Nur Pilze, deren Hut-Unterseite rosa ist, sollten in den Korb gelegt werden. Schwarze oder braune Hut-Unterseiten kennzeichnen alte Pilze, die für die Küche unbrauchbar sind.

### Verwendung:

Der schmackhafte Wiesenchampignon ist delikat und passt zu vielen Gerichten. Roh schmeckt der Pilz köstlich im Salat. Größte Vorsicht ist dennoch für die Pilzsammler geboten, die sich eine genaue Unterscheidung nicht zutrauen. Der giftige weiße Knollenblätterpilz ist beispielsweise unter der Hut-Seite immer weiß und hochtoxisch.

**Tipp:**
Wenn Sie sich bei der Bestimmung von Pilzen nicht sicher sind, sollten Sie lieber – im wahrsten Sinne des Wortes – die Finger davon lassen. Kaufen Sie lieber im Fachhandel frische Exemplare aus Züchtungen, als schwere Gesundheitsschäden davonzutragen.

### Pflückhinweis:

Große Steinpilze reizen jeden Sammler zum Pflücken, aber meist sind sie madig. Besser ist es, sich auf die mittleren Größen zu beschränken. Übrigens: Wem nach angestrengtem Suchen der Kopf brummt und partout kein Pilz ins „Auge springt", der sollte kurz ein gepflücktes Exemplar in die Hand nehmen und sich die Färbung noch einmal intensiv einprägen. Oft hilft das beim Auffinden von neuen Individuen im Wald.

*Mit einem weichen Tuch und einem kleinen Pinsel lassen sich Pilze bestens gleich an Ort und Stelle säubern. Erdkrümel, Blättchen, Halme und Grasreste einfach wegpinseln und die Hut-Oberseite mit einem Lappen vorsichtig säubern. Anschließend die geschälten Knoblauchzehen in Stifte schneiden. Dill abspülen und waschen, danach mit Küchenkrepp trocknen. Die beiden Lorbeerblätter werden zerrieben. Essig, Wein, Wasser, die Zitronenschale und die angegebenen Kräuter aufkochen. Geben Sie Salz und Champignons hinzu und lassen Sie sie bei leichter Hitze zehn Minuten köcheln. Anschließend wird der Sud in Gläser gefüllt. Erst nach dem Abkühlen das Olivenöl darüber gießen und die Gläser wieder fest verschließen. Dunkel und kühl aufbewahrt, sollten die eingelegten Champignons mindestens zwei Wochen gut durchziehen.*

***Serviervorschlag:***
*Reichen Sie die Champignons mit schwarzen Oliven, Zwiebelringen und gewürfeltem Schafskäse als Vorspeise. Außerdem eignen sich „Champignons auf Griechische Art" sehr gut zu hellen Ragouts oder Frikassees.*

**_Panierter Austernseitling_**

***Zutaten:***

*500 g Austernseitlinge*
*1 Ei*
*1 Esslöffel Milch*
*Semmelbrösel*
*Butterschmalz*
*Mehl, Salz, Pfeffer*

# *Austern-seitling*

## Pleurotus ostreatus

*Familie: Seitlinge*

Auch unter dem Namen Kalbfleischpilz bekannt, lebt der bis zu 20 Zentimeter hoch werdende Austernseitling als blau-grauer Baumpilz bei uns in den Kronen mancher Bäume.

### Erntezeit:
Bereits ab November/Dezember kann der Austernseitling in unseren Wäldern genutzt werden. Sogar bei Schnee ist die Suche möglich, denn diese Pilzart ist winterhart.

### Verwendung:
Besonders an Laubbäumen in feuchten Hanglagen findet der Pilz an alten, kranken oder verletzten Stämmen, wie beispielsweise der Buche, seinen Lebensraum. Austernseitlinge wachsen büschelig und meist schuppig übereinander aus der Baumrinde. Für den Genießer hat der Austernseitling einen großen Vorteil, denn er gedeiht bei uns im Winter, in einer pilzarmen Jahreszeit. Ab November bis in den Februar hinein, auch bei Frostwetter, kann man den Pilz an geeigneten Standorten finden.
Gut zu wissen: Beim Austernseitling ist eine Verwechslung mit Giftpilzen so gut wie ausgeschlossen.

### Geschmack:
Der Austernseitling schmeckt sehr intensiv als Einzelstück oder auch als Mischgericht. Eine besondere Zubereitungsvariante besteht darin, den Pilz als „Steak amerikanisch", also paniert, in der Pfanne zu braten.

Im Handel gibt es mittlerweile diese schmackhafte Pilzsorte zu kaufen, doch lässt er sich leicht und wesentlich preisgünstiger an einem Holzstubben oder auf Stroh selbst züchten. Dazu lagert man einen kleinen Strohballen beispielsweise im Keller oder Abstellraum und gibt das im Fachhandel erhältliche Pflanzgut laut Anleitung auf die Oberfläche des Strohs. Gut genässt entwickeln sich darauf bei entsprechender Raumtemperatur bald die ersten Pilze. Das weiße Fleisch des Austernseitlings ist jung gegessen eine Delikatesse, die Stiele sind meist zäh.

### Pflückhinweis:
Der Austernseitling lässt sich am besten mit einem scharfen Messer ernten. Dabei sollten aber immer nur die jungen Pilze genutzt werden, weil so die Art am Standort erhalten wird und die bitter schmeckenden älteren Austernseitlinge im Wald bleiben.

***Zubereitung:***
*Schneiden Sie die Stiele des Austernseitlings ab und säubern Sie die Hüte – möglichst ohne Wasser – mit einer weichen Bürste oder einem Pinsel. Das Pilzschnitzel nun salzen, pfeffern und in Mehl wenden. Die Milch und das Ei verquirlen, Pilze damit bestreichen, in den Semmelbröseln wälzen und gut andrücken. Die Austernseitlinge in Butterschmalz von beiden Seiten knusprig braten.*
*Dazu schmeckt hervorragend ein frischer Salat.*

# Verwendete Literatur


Döbbelin, Hans Joachim: Wild und Geflügel, sigloch edition, 1986, Künzelsau

Geschenke aus eigener Küche, Aenne Burda-Verlag, 1982, Offenburg

Hartgering, Anne: Die besten Wildrezepte, 1988, Landwirtschaftsverlag Münster-Hiltrup

Hecker Ulrich: Bäume & Sträucher, 2001, BLV Verlagsgesellschaft, München

Henschel, Detlev: Essbare Wildbeeren und Wildpflanzen, 2002, Franckh-KosmosVerlags-GmbH &Co.KG, Stuttgart

Kleine feine Küche, 1982, Aenne Burda-Verlag, Offenburg

Natur, Kochkunst & Kultur – Eifel, Mosel, Hunsrück, digIT Ostermann GmbH, 2001, Bruttig-Fankel

Schassberger, Ernst-Ulrich: Das praktische Jagdkochbuch, 1976, Verlag Wolfgang Hölker, Münster

Wald und Wild kulinarisch erleben, 1999, Ministerium für Umwelt und Forsten, Mainz und Landesjagdverband Rheinland-Pfalz